Mit 100 Sachen durch die Küche

Was Jungs gern essen und gern kochen

Für
Jann-Luis
Jonathan
Lukas

Christoph Biemann Hilke Rosenboom

Mit 100 Sachen durch die Küche

Was Jungs gern essen und gern kochen

Gestaltung und Illustration
von Hildegard Müller

Carl Hanser Verlag

Inhalt

VORWORT 05

1 ENTSCHEIDUNG IM MORGENGRAUEN 08
Frühstück für Jungen

2 EINE WELT NAMENS HAMBURG 22
Wie man Jungen und Hamburger voneinander trennt

3 HOT STUFF FÜR UNTERWEGS UND DRAUSSEN 32
Was ein Junge essen kann, der gleichzeitig in ein Feuer blickt

4 VERSUNKENE TRÄUME 46
Süße Erinnerung

5 DAS GEHEIMNIS DER HÜHNERSUPPE 60
Ein Vogel für alle Fälle

6 HILFE – MEIN KIND ISST ANDERS! 68
Über Dickerchen und magere Heringe, Suppenkasper,
Erbsenzähler und Zappelphilipps

7 KLEINE KOCHSCHULE IN 3 STUFEN 84
1. Rührer und Schmierer 85
2. Forscher und Entdecker 91
3. He`s Leaving Home 97

8 AUFPÄPPELN 104
Hoppelpoppel und andere geheime Gerichte zum
Gesundpflegen kleiner Helden

9 VOM AUSSTERBEN DES HEIMWEHS ... 124
bedrohte Lieblingsgerichte aus aller Welt

10 KNIGGE FÜR KNABEN 136
Nimm den Fuß vom Teller!

11 DIE VERWANDLUNG 148
Wie ich Supermann werde – jetzt und sofort!

12 REZEPTEANHANG 160
Rezepte für Sommer und Winter

Mit 100 Sachen durch die Küche

Dieses Buch ist ein spezielles Jungenkochbuch, das weltweit erste seiner Art. Wir haben es geschrieben, weil wir selbst es dringend brauchten, um unsere eigenen Söhne großzuziehen. Wir haben festgestellt, dass Jungen eine andere Art von Ernährung brauchen, damit sie gut gedeihen. Wir haben uns diesem Thema als fröhliche Eltern von Söhnen genähert und als neugierige und nervenstarke Experimentatoren in der Küche.

Gar nicht überrascht waren wir, dass in der Medizin und der Ernährungswissenschaft gerade eine neue Forschungsrichtung entsteht, die sich mit den unterschiedlichen körperlichen Bedürfnissen und Reaktionen von männlichen und weiblichen Menschen befasst. Wir sind uns sicher, dass wir mit unseren Ideen zur Ernährung von Jungen auch ein Stückchen Zukunft zu fassen bekommen haben. In einigen Jahren wird es selbstverständliches Wissen sein, dass sich Männer und Frauen ein wenig unterschiedlich ernähren. Deswegen können sie ja trotzdem zusammen kochen und essen!

Die „gender sensitive medicine" steckt noch so sehr in den Kinderschuhen, dass es dafür noch nicht einmal einen deutschen Fachbegriff gibt. „Medizin, die Unterschiede zwischen Männern und Frauen macht" wäre inhaltlich richtig. Doch auch ohne Fachbegriffe: Es wird seit langem vermutet, dass kleine Jungen andere Speisen brauchen als kleine Mädchen, um gesund und glücklich heranwachsen zu können.

In den ländlichen Gebieten Europas und Amerikas gab es bis vor einigen Jahrzehnten noch eine ausgesprochene Männerküche, für große und kleine Exemplare dieser Gattung. Doch diese rustikale Art zu kochen ist wegen des hohen Fettanteils der Speisen zu Recht in Misskredit geraten. Zudem führten gesellschaftliche Umschwünge dazu, dass immer weniger Frauen für immer weniger Männer kochen wollten oder konnten. Heute leben wir in einer Welt von Unisexeinrichtungen und wir kochen: Unisexgerichte. Stark domestizierte erwachsene Männer machen das oft schicksalsergeben mit. Unseren eigenen Söhnen jedoch wünschen wir ein milderes Los.

Jungen sind die empfindlicheren Kinder. Wenn sie ganz klein sind, werden sie häufiger als Mädchen von Koliken heimgesucht. Männliche Kinder müssen bereits während ihrer frühesten Kindheit extreme Hormonstürme aushalten und sind über viele Jahre mit Kraft raubenden Machtkämpfen beschäftigt, deren Grundlagen ebenso genetisch vorprogrammiert sind wie der – im Vergleich zu Mädchen – höhere Eiweißbedarf. Jungen sind häufiger als Mädchen zu dick und häufiger fettsüchtig. Kalziummangel in früher Kindheit verursacht bei ihnen O-Beine und andere Fehlbildungen an den Knochen. Jungen leiden immer häufiger an Essstörungen, die bei ihnen gefährlicher verlaufen als bei Mädchen.
Da Jungen mehr schwitzen als Mädchen, muss ihr Mineral- und Flüssigkeitshaushalt öfter und immer wieder ausgeglichen werden. Zu viel Zucker hingegen schadet ihnen vermutlich mehr als den Mädchen. Kurzum: Jungen und Mädchen gedeihen von gleicher Kost in gleichen Mengen nicht gleich gut. Und sie essen sie auch nicht gleich gern.

Jungen stellen an ihre Lieblingsgerichte und an die Speisen, die ihnen gut tun, andere Ansprüche als Mädchen:

- Jungen sind oft kaufaul.
- Jungen haben wenig Zeit zum Essen.
- Viele Jungen nehmen ihre Mahlzeiten zu Hause zwangsläufig in weiblicher Gesellschaft ein. Die Abwesenheit eines Knochen nagenden Vaters verunsichert sie mit der Zeit.
- Jungen haben fast immer empfindlichere Verdauungsorgane als Mädchen.
- Jungen hassen es, wenn sie auf den Beginn des Essens warten müssen. Möglicherweise fällt auch ihr Blutzuckerspiegel schneller ab als der von Mädchen.

Dies alles sollte man wissen, wenn man Jungs ernähren oder auch nur gelegentlich verköstigen will. Dennoch geht es in diesem Buch mehr um das genussvolle

Futtern als um die Erörterung medizinischer und psychologischer Sachverhalte. Die Rezepte in diesem Buch haben wir im Laufe vieler Jahre auf der ganzen Welt bei Jungenmüttern und -vätern und teilweise sogar bei Jungen selbst zusammengetragen. Alle Rezepte sind immer und immer weiter verbessert worden, was in diesem Falle heißt, dass wir sie eher vergröbert als verfeinert haben.

Langzeitbeobachtungen an schwadronierenden Nachbarjungen, gefräßigen Freunden, halbstarken Kindergartenkollegen und heldenhaften Sportkumpels, an Vorbildern und Nachäffern, an Kraftprotzen und mickernden Muckelchen, an Vielfraßen und Meckerern haben erwiesen, dass von keinem unserer Gerichte jemals auch nur ein winziges Häppchen übrig geblieben ist. Das mag für die Rezepte in einem gewöhnlichen Kochbuch kein Kriterium sein – hier ist es das ultimative Qualitätssiegel!

Kommentare oder gar Komplimente aus Jungenkreisen haben wir bislang selten erhalten. Wer für Jungen kocht, muss sich damit abfinden, dass sie nicht loben, sondern gedeihen. Aber das tun sie, fröhlich, glücklich und gesund.

Christoph Biemann
Hilke Rosenboom

Entscheidung im Morgengrauen

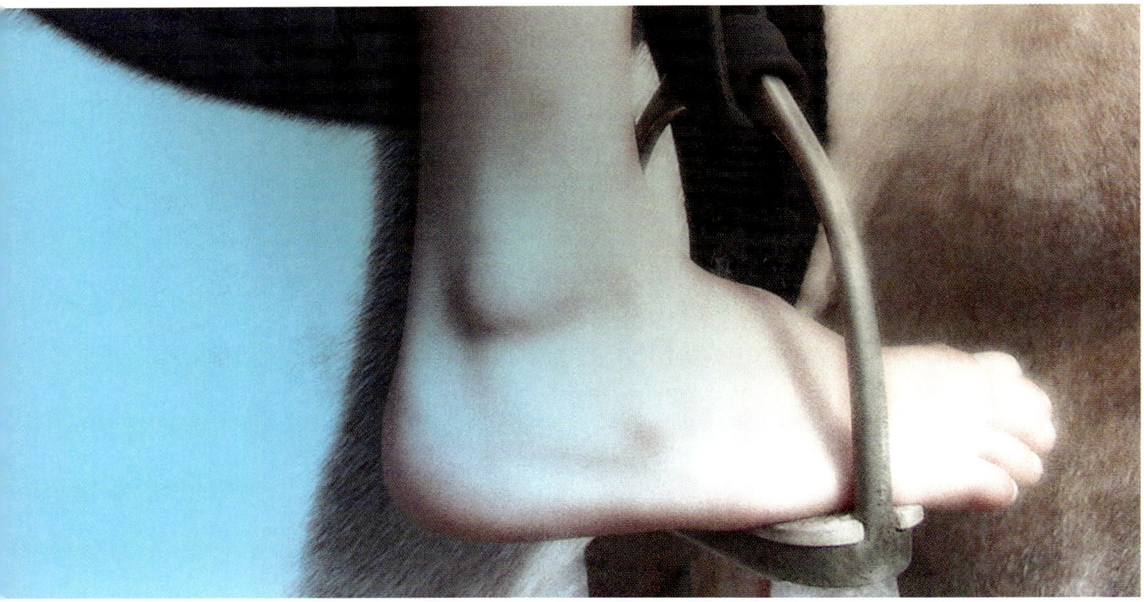

1

Frühstück für Jungen

Das Frühstück war wahrscheinlich das Letzte, was dem Urmenschen eingefallen ist. Insofern ähnelte er vielen heutigen Kindern. Der Urmensch jagte und sammelte tagelang vor sich hin, und wenn er etwas gefangen, erlegt oder gefunden hatte, aß er davon so viel, bis er und seine Leute satt waren. Danach legte er sich schlafen, denn seine Abenteuer waren Kräfte zehrend und oft frustrierend.

Wenn er wieder aufwachte, war in den seltensten Fällen noch ein Rest seiner Mahlzeit übrig. Also musste er für gewöhnlich hungrig aufbrechen, um für weiteres Essen zu sorgen. Vorratswirtschaft lernte der Urmensch erst spät. Und wenn er nicht gerade in einem Südseeparadies lebte und ihm die süßen Früchte quasi in den Mund wuchsen, dann fiel sein Frühstück in der Regel aus. Das Frühstück ist eine Kulturerrungenschaft. Je kultivierter die Menschen wurden, desto mehr Wert legten sie auf einen perfekten Start in den Tag.

Und wenn sich ein heutiger Acht-, Zehn- oder Zwölfjähriger aus Kultur nichts macht? Dann müssen wir ihn eben zum Frühstück überreden. Oder noch besser: ihn überzeugen. Und wenn gar nichts hilft, ihn mit sanftem Druck zwingen. Das Frühstück muss dann natürlich genau das richtige sein, sonst kann man sich die Mühe sparen. Und was ist das richtige Frühstück für Jungs? Eins, das ihn für die Herausforderungen des Vormittags wappnet, als da wären: Klassenarbeiten, bei denen wahlweise Großes geleistet oder wenigstens intelligent geschummelt werden soll;

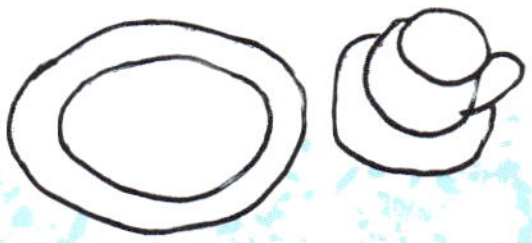

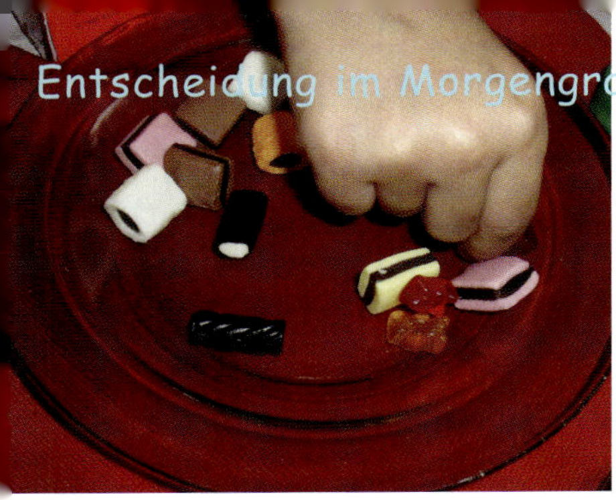

Hechtsprünge übers Pferd mit sauberer Landung; Rangkämpfe auf dem Schulhof oder auf dem Heimweg, die selbstverständlich nur verbal ausgefochten werden dürfen, aber auch dafür braucht es Energie. Und was ist die Voraussetzung dafür, dass der Mensch genügend Energie besitzt: ein möglichst konstanter Blutzuckerspiegel. Warum genau das so ist, kann man bei den Medizinern und Ernährungswissenschaftlern nachlesen. Für unsere Zwecke reicht es, dass wir ihnen vertrauen.

Nun könnte man denken, das Einfachste wäre es dann ja, sich morgens möglichst schnell möglichst viel Süßes reinzutun, und für viele Jungs wäre das wahrscheinlich gar keine so schreckliche Vorstellung. Doch konzentrierter Zucker, wie er zum Beispiel von Schokoriegeln und Kraftbars geliefert wird, jagt den Blutzuckerspiegel zu schnell in die Höhe – und lässt ihn nach kurzer Zeit genauso schnell wieder abfallen.

Das Gleiche gilt für die so genannten einfachen Kohlehydrate, wie sie zum Beispiel im weißen Mehl der Brötchen enthalten sind und in der Stärke, die manchen Joghurt und manche cremig gefüllte Spezialschnitte für Kinder zusammenhält: Wer morgens ausschließlich Zuckriges und zu viele einfache Kohlehydrate zu sich nimmt, hat im besten Fall ein schnelles Leistungshoch, muss aber damit rechnen, nach kurzer Zeit so schlapp zu sein wie ein alter Fußball.

Dabei ist der Stoffwechsel von Kindern in aller Welt vormittags am aktivsten und die meisten Jungen sind es auch: Krabbelgruppe, Kindergarten, Schule – bei allen Völkern unserer Welt finden diese Kräfte raubenden Unternehmungen vornehmlich am Morgen statt.

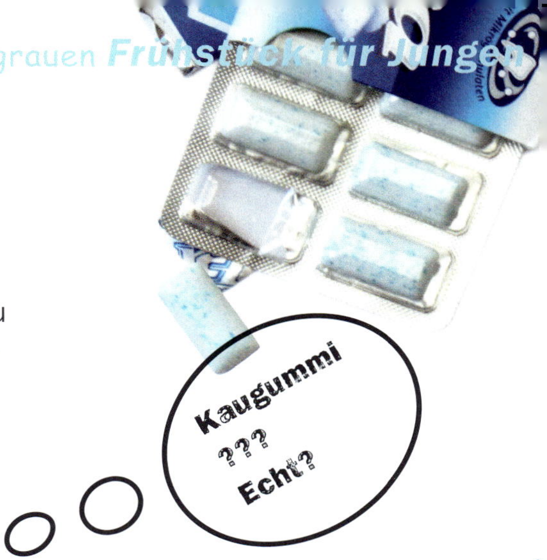

INTELLIGENTES FRÜHSTÜCK

Einen langsamen und stetigen Anstieg des Blutzuckerspiegels, ein langes Verharren auf einem mittleren Niveau und später ein gemächliches Abfallen erreicht man, wenn man zum Frühstück vornehmlich komplexe Kohlehydrate oder Fruchtzucker und etwas Eiweiß zu sich nimmt. Und sich hinterher nicht die Zähne putzt! Wirklich nicht? Und gelegentlich etwas Kaugummi frühstückt.

Kaugummifrühstück

ZUTATEN *(für einen Jungen, der morgens eigentlich keinen Hunger hat)*

1 kleiner Apfel
1 Orange oder Mandarine
Saft einer halben Limone
1 Becher Vollmilchjoghurt
2 bis 4 zuckerfreie Kaugummis

ZUBEREITUNG

Dieses seltsame Frühstück beruht auf der Erkenntnis, dass Fruchtsäure den Zahnschmelz angreift, wenn gleich nach dem Verzehr auf den Zähnen herumgeschrubbt wird. Wer ein Obstfrühstück mag, sollte sich deswegen lieber gleich nach dem Aufstehen die Zähne mit einer fluorhaltigen Zahnpasta putzen und nach dem Frühstück etwas Wasser trinken, um die restliche Säure zu neutralisieren. Beim Aufbruch zur Schule dann zwei oder mehr zuckerfreie Kaugummis kauen.

Das Frühstück dazwischen geht so:

- Apfel schälen, in Spalten schneiden und mit dem Saft der Limone beträufeln.
- Orange schälen und in Segmente zerteilen. Zusammen auf einem Teller anrichten.
- Den Joghurt mit einem kleinen Schneebesen etwa ½ Minute lang in einer kleinen Schüssel schlagen, das macht ihn cremig wie Sahne.
- Joghurt über dem Obst verteilen.

Nach so einem Frühstück hat man natürlich bald wieder Hunger. Was man dann essen kann, steht in Kapitel 3.

DER INNERE SCHOCK

In Japan glaubt man, dass es gut ist, dem Körper morgens erst einmal einen kleinen Schock von innen zu versetzen. Um das zu tun, isst man dort morgens eine „Umebashi", eine kleine eingelegte Pflaume von irrwitziger Säure. Die soll erfrischen und reinigen und in etwa so wirken wie eine eiskalte Dusche von innen. So ein Frühstück ist cool und macht schlagartig wach.

SCHRECKEN ZUM FRÜHSTÜCK

Johannes der Täufer, der Jesus taufte und in der Wüste lebte, frühstückte am liebsten so: eine Hand voll Heuschrecken, in Olivenöl frittiert. Die sollen wie Pommes frites geschmeckt haben.

FRÜHSTÜCK FÜRS WELTALL

Dass man gut frühstücken muss, wenn man Großes vorhat, wussten auch schon die Apollo-Astronauten. Seit dem ersten bemannten Raumflug und bis zum heutigen Tag gibt es darum vor dem Start immer das traditionelle Frühstück: Orangensaft, Roggentoast mit Butter, Kaffee, Milch, Rührei und Hash Brown Potatoes, eine Art misslungener Kartoffelpuffer. Marmelade, Honig und Erdnussbutter gibt es bei diesem Frühstück nicht und auch nicht den in Amerika üblichen gebratenen Speck zum Ei.

JEDEM DAS SEINE

Die alten Griechen glaubten, dass es bei den Menschen vier verschiedene Typen gibt, die sich in Bezug auf ihr Aussehen, auf ihren Charakter, auf ihre Verhaltensweisen, aber auch auf ihren Stoffwechsel unterscheiden. Nach dieser 2000 Jahre alten „Temperamentenlehre", die im Laufe der Jahrhunderte immer mal wieder aufgenommen wurde und bei vielen Naturheilkundlern bis heute gilt, benötigt jeder dieser vier Typen eine eigene Ernährungsart, die ihm besonders gut tut.

1 ***DER CHOLERIKER:*** Er regt sich leicht auf und ist sehr willensstark. Kleine Choleriker neigen zum Trotz. Nach der Temperamentenlehre sollte der Choleriker etwas Kräftiges zum Kauen bekommen, damit er sich schon morgens etwas abreagieren kann. Alles, was süß ist, vor allem süße Früchte, aber auch süße Gemüse – wie zum Beispiel Karotten – beruhigen ihn. Er verträgt keinesfalls Haferflocken, die regen ihn zu sehr an und machen ihn noch wilder, als er ohnehin schon ist.

!

FRÜHSTÜCKSIDEEN FÜR DEN KLEINEN CHOLERIKER

- gebuttertes Vollkornbrot mit Apfelscheibchen belegt
- Karotten-Birnen-Rohkost, dazu Schwarzbrot mit Käse
- Roggenbrötchen mit Avocadomus, Bananen-Milkshake

Viele kleine Choleriker stippen morgens gerne etwas in den Kakao oder in die Milch. Das geht gut mit Zwieback, Lebkuchen oder italienischen Cantuccini. Je nachdem wie lange er das Backwerk badet, kann der kleine Genießer bestimmen, wie viel er kauen muss.

Oft hilft gar nichts, wenn junge Choleriker nichts essen wollen. Wer nichts unversucht lassen will, kann seiner Kreativität freien Lauf lassen und experimentieren. Mit allen möglichen Kombinationen gilt es herauszufinden, was der junge Choleriker ablehnt. Es gibt Jungs, die alles

UR-TOAST

Eine gute Basis für alle möglichen Brote, mit denen man seine Kreativität austoben und Vorlieben und Abneigungen austesten kann, ist eine Scheibe Vollkorntoast mit Frischkäse. Ob man Bananenscheiben – garniert mit einem Klecks Nutella, Apfelscheiben mit Honig, Pflaumen mit Zimtzucker oder jungen Gouda mit Möhrenstückchen und Tomatenketchup darauf legt, bleibt ganz der Fantasie und dem Geschmack des Kindes überlassen.
Wir können uns vorstellen, dass diese Brote nicht nur kleinen Cholerikern schmecken.

ablehnen, was grün ist. Andere finden plötzlich Butter ekelig, weil das jemand in der Schule gesagt hat. Es soll sogar Jungs geben, die keine Erdbeeren mögen. Mit einer ordentlichen Portion Zucker verschwindet diese Aversion aber meist ganz schnell.

Nicht immer sind solche Abneigungen Spinnerei. Es könnte auch sein, dass das Kind Erdbeeren wirklich nicht verträgt, sie sogar eine allergische Reaktion auslösen.

WENN DER TAG ERWACHT

Ebenfalls sehr empfehlenswert für den jugendlichen Choleriker ist das **HORRORMÜSLI,** *das seinen Namen seinen vielen gesunden Inhaltsstoffen verdankt. In unseren Familien (in denen es von Cholerikern nur so wimmelt) wird es genau einmal die Woche gegessen, nicht öfter und nicht weniger oft, und zwar immer mittwochs, dann hat man es hinter sich.*

Wenn man die Absicht hat, das Horrormüsli in die eigene Familie einzuführen, sollte man bedenken, dass es relativ viele Menschen gibt, die überhaupt kein Getreide vertragen. Kleine Jungen mit einer Abneigung gegen Müsli könnten auch zu dieser Gruppe gehören. Das würde man daran merken, dass sie – wenn sie denn doch einmal ein Müsli hätten herunterwürgen müssen – am Vormittag über Bauchschmerzen klagten. Manche Jungen scheinen die Unverträglichkeit auch unbewusst zu erkennen – sie leisten einfach erbitterten Widerstand gegen Nahrung dieser Art. Grundregel sollte immer sein: Wer etwas absolut nicht essen will, der soll es einfach lassen.

Horrormüsli schmeckt eigentlich sogar sehr gut. Jedenfalls gewöhnt man sich dran. Außerdem sind wir der Ansicht, dass man sich an anderen Tagen durchaus mal ein morgendliches Schokocremebrot erlauben kann, samstags oder sonntags zum Beispiel, wenn man in der Woche zuvor dem Körper mit dem Horrormüsli bereits lauter gesunde Nahrungsmittel zugefügt hat. Das Horrormüsli wird grundsätzlich von der ganzen Familie gegessen (die Personen, die an einer Getreideunverträglichkeit leiden, natürlich ausgenommen). Die allgemeine Lebenserfahrung zeigt, dass auch etwas größere Jungen, so ab dreißig oder vierzig Jahren, das Horrormüsli nach einer Weile ganz und gar zuträglich finden.

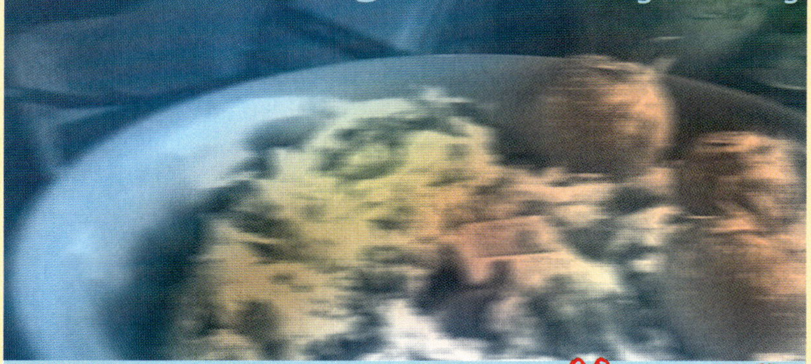

Horrormüsli

ZUTATEN *(für vier Personen)*

- 6 EL Dinkelschrot (echter Horror) oder Dinkelflocken (milder Horror)
- 2 Tassen Wasser
- 1 EL Zitronensaft
- 2 kleine Äpfel
- 1 EL Mandelmus (aus dem Reformhaus)
- 2 Hände voll klein geschnittenes Obst der Saison (Erdbeeren, Himbeeren, Aprikosen etc. Im Winter: Banane)
- 4 EL Sahne

ZUBEREITUNG

- Dinkelschrot in 2 Tassen Wasser ca. 20 Minuten einweichen.
- Unter Rühren zum Kochen bringen und einmal kurz aufwallen lassen.
- 10 Minuten neben dem Herd ausquellen lassen.
- Äpfel waschen und mit der Schale, aber ohne das Kerngehäuse reiben.
- Alle Zutaten miteinander vermischen und das Horrormüsli auf vier Schalen verteilen und Sahne darüber geben.

2.

DER PHLEGMATIKER: Er ist ein stilles Kind, das leicht friert, morgens schlecht aus dem Bett kommt und immer in Gedanken zu sein scheint. Obst sollte der Phlegmatiker möglichst morgens nicht zu sich nehmen, und wenn, dann höchstens im Sommer. Sonst ist der klassische Porridge ideal für ihn.

Haferomelett

ZUTATEN *(für einen Phlegmatiker)*

- 1 Ei
- 1 TL Zitronensaft
- 2 EL Haferflocken
- 2 EL Milch
- 1 TL Ahornsirup
- 1 TL Margarine zum Ausbacken

ZUBEREITUNG

- Ei trennen und das Eiweiß mit dem Zitronensaft zu Schnee schlagen.
- Milch und Eigelb verrühren und unterheben.
- Haferflocken vorsichtig unterheben.
- In einer kleinen Pfanne in wenig Fett ein Omelett backen.
- Mit dem Ahornsirup beträufeln.

FRÜHSTÜCK ZUM WIEHERN

Pferde, die nur mit Hafer gefüttert werden, gelten als besonders feurig. Manchmal geht ihr Temperament so sehr mit ihnen durch, dass man sprichwörtlich sagt, dass sie „der Hafer sticht“. Angeblich enthält der Hafer Substanzen, die anregend wirken. Kleine Trantüten und ausgewachsene Phlegmatiker sollten die stimulierende Wirkung des Hafers schon am Morgen nutzen.

Nun ist ein klassischer englischer Porridge ja nicht jedermanns Sache. Aber vielleicht ist der Phlegmatiker auch zufrieden, wenn er morgens ein paar Haferkekse essen kann, ein Hafermüsli oder einen kleinen Haferpfannkuchen. Besonders lecker ist das Haferomelett.

WAS IST EIGENTLICH UNTERHEBEN?

Das Wort „unterheben“ findet sich in vielen Rezepten, meistens dann, wenn eine eher leichte Masse mit einer schwereren vermengt werden soll. Beim Unterheben ist oft Eischnee im Spiel. Der nämlich würde es nicht vertragen, wenn man ihn einfach mit einer anderen Zutat verquirlen würde. Die Luftbläschen, die ihn erst locker machen, würden zusammenfallen. Beim richtigen Unterheben streut oder gießt man die schwere Masse auf die leichte, in diesem Fall streut man die Haferflocken auf die lockere Omelettmasse. Dann mit einem großen Löffel oder flachen Spatel vorsichtig die Flocken unter die Masse schaufeln. Langsam vorgehen und nicht zu viele Schaufelbewegungen machen. Und immer schön von unten nach oben arbeiten.

DER SANGUINIKER liebt die Abwechslung. Es ist unwahrscheinlich, dass er freiwillig am Frühstückstisch sitzen bleibt, und wenn, dann rutscht er herum oder nervt die Familie mit seinem andauernden Gequassel. In einer sonst ruhigen Familie aber wirkt er aufhellend und optimistisch. Da er zu Untergewicht neigt, muss er immer etwas gepäppelt werden. Obst oder der in vielen Kinderernährungsbüchern empfohlene Frischkornbrei sind nichts für ihn. Und Rohkost macht ihn nur noch hibbeliger.

Was der Sanguiniker braucht, ist etwas Nährendes, Stärkendes, Substanzgebendes, möglichst auch Warmes. Es ist mehr als unwahrscheinlich, dass er eine dicke Scheibe Schwarzbrot mit Butter und fettreichem Käse, die ihm eigentlich gut täte, auch essen würde. Darum muss man für den kleinen Sanguiniker eventuell ein paar Minuten früher aufstehen, um ihm zu einem guten Start in den Tag zu verhelfen.

Toast & Sahneerbsen

ZUTATEN

½ Tasse Tiefkühlerbsen
1 winzige Schalotte
1 EL Crème fraîche
1 Scheibe Vollkorntoast
2 TL Butter
Salz
weißer Pfeffer

ZUBEREITUNG

- Schalotte klein hacken und in der Hälfte der Butter andünsten.
- Unaufgetaute Erbsen hinzugeben und neben dem Herd im verschlossenen Topf 5 Minuten stehen lassen, gelegentlich umrühren.
- Einmal aufkochen und mit der Crème fraîche verrühren.
- Salzen und pfeffern.
- Toastbrot toasten, buttern und mit den Sahneerbsen bedecken.

Holländische Schokoladen-Flensjes

ZUTATEN *(für vier Sanguiniker)*

2 Eier
150 g Mehl
½ Liter Milch
¼ TL Salz
1 Prise Muskat
40 g Margarine oder Butter zum Ausbacken
2 EL Schokoladencreme

ZUBEREITUNG

- Aus den obigen Zutaten einen Teig rühren und ¼ Stunde quellen lassen.
- In einer kleinen Pfanne 8 dünne Flensjes (kleine Pfannkuchen) ausbacken und so lange warm halten, bis alle fertig sind.
- Die Hälfte der Flensjes mit der Schokoladencreme bestreichen und jeweils ein unbestrichenes darüber legen.
- In Viertel schneiden und mit den Händen essen lassen.

4. **DER MELANCHOLIKER** ist der Beamte unter den Jungen. Er braucht und fordert regelmäßige Mahlzeiten, und es ist ihm recht, wenn es täglich das Gleiche gibt, gerne auch ein Leben lang. Abweichungen verunsichern ihn zutiefst. Er ist ein zuverlässiger und treuherziger Junge, der niemals heimlich naschen würde, und oft ist er sehr talentiert. Da er am liebsten Wurst und Fleisch mag, dagegen Salat und rohes Gemüse nicht herunterbekommt, leidet er oft an Verstopfung. Ein Frischkornbrei und etwas Obst wären morgens ideal für ihn. Möglich allerdings, dass er das ablehnt, wenn er es nicht von frühester Kindheit an so gewohnt ist. Wenn er später tatsächlich ein bisschen in der Welt herumkommen sollte (was ihm allerdings nicht an der Wiege gesungen wurde), dann wird er England mögen und Amerika, beide wegen ihrer üppigen und köstlichen Frühstücke, die ihm wunderbar schmecken, ohne ihm allerdings besonders gut zu bekommen. Was der Melancholiker braucht, ist ein leicht modifiziertes englisches Frühstück. Zumindest jeden zweiten Tag sollte er dann aber ein etwas ballaststoffhaltigeres Frühstück zu sich nehmen: ein mit kaltem Aufschnitt und Gurke belegtes Roggenbrötchen zum Beispiel. Oder eines mit Staudensellerie und Apfel.

Gezähmter Engländer

ZUTATEN *(für zwei Personen)*

- 2 Eier
- 2 kleine Zwiebeln
- 2 gekochte Pellkartoffeln
- 1 Möhre, geraspelt
- 1 kleiner Apfel, geschält und geraspelt
- 1 kleine Gewürzgurke
- 1 EL Schmant
- 1 EL Butter

ZUBEREITUNG

- Zwiebeln in Ringe schneiden und in der Butter glasig dünsten. Salzen und pfeffern.
- Die verquirlten Eier darauf stocken lassen. Fertig.
- Aus den gepellten, in kleine Würfel geschnittenen Kartoffeln, den geraspelten Möhren, dem Apfel und der klein gehackten Gewürzgurke einen Salat mischen und mit dem cremig gerührten Schmant anrichten. In Schälchen verteilen.

Ei und Salat zusammen verspeisen.

Fuul

Aus Ägypten:

ZUTATEN *(für vier Personen)*

- 250 g gekochte braune Bohnen (aus der Dose)
- 4 kleine Pittataschen
- ½ Tasse mit der Schere sehr fein geschnittener Salat (grüner oder Eisberg)
- 2 klein geschnittene Tomaten
- 1 Messerspitze Zimt

ZUBEREITUNG

- Pittataschen im Toaster toasten und die vorgeschnittene Tasche öffnen.
- Bohnen pfeffern und gut durchkochen lassen, erst dann salzen.
- Tomatenstückchen abtropfen, pfeffern und mit einem Hauch Zimt würzen.
- Zusammen mit dem Salat in die Pittataschen verteilen, Grünfutter nach unten.
- Abgetropfte warme Bohnen dazugeben.

Eine Welt namens Hamburg

2

Wie man Jungen und Hamburger voneinander trennt

Seit die großen amerikanischen Fastfood-Ketten Ende der Siebzigerjahre ihre Filialen auch in Deutschland eröffneten, kann man sich kaum noch vorstellen, was Jungen in früheren Zeiten denn am allerliebsten gegessen haben. Knusprige, salzige Pommes, die leichte Süße des Rindfleischs, viel Würzmittel, die Weichheit des Brötchens, das viele geschmacksverstärkende Fett, ein einzelnes Salatblatt als Alibi, dazu die schnelle Verfügbarkeit der Hamburger, ihre immer währende Gleichheit und ihr niedriger Preis – das alles kommt dem Geschmack und dem Essverhalten von Jungen offenbar entgegen.

Wer Jungen großzieht, kommt nicht um die Frage herum, ob es gelegentlich Fastfood-Hamburger geben soll oder nicht. Die vernünftige Antwort auf diese Frage lautet unseres Erachtens: Ja. Gelegentlich. Aber dafür mit Spaß! Und ohne politisierende Kommentare. Vor Propaganda sollte man sich bei der Erziehung von Jungen ohnehin hüten. Besser ist es, mit den kleinen Jungen einfach ein- oder zweimal im Vierteljahr in eines dieser Restaurants zu gehen und dabei locker zu bleiben. Vor allem sollte man den Jungen nicht durch abfällige Kommentare den Appetit verderben. Diese Technik könnten sie leicht übelnehmen und dann selbst anwenden, während sie zum Beispiel über ihrer Müslischale hocken. Gut ist es, wenn auch die Erwachsenen sich irgendetwas bestellen und es möglichst mit Lust und Appetit verzehren. Wer selbst das Essen überhaupt nicht herunterkriegt, muss damit leben, dass er für unglaubwürdig befunden wird, und holt sich einen Kaffee. Nette Eltern unterhalten ihre Jungs, während sie mampfen, machen keine schlechte, sondern gute Stimmung und versuchen überhaupt, bei den Mahlzeiten gute Laune zu verströmen. Der Besuch im Hamburger-Restaurant sollte für alle zu einem netten, kleinen, aber leider sonst komplett belanglosen Tagesordnungspunkt werden. Vor allem sollte man Fastfood-Ketten nicht die Ehre angedeihen lassen, um ihretwillen eine Erinnerung an einen Familienstreit zu zementieren.

Kein vernünftiger Mensch geht heute noch davon aus, dass diese Art Essen an sich ungesund ist. Ungesund wäre nur, ausschließlich oder überwiegend Hamburger zu essen. Und in jedem Fall ungesund ist es, „fast“, also schnell zu essen, im Stehen, Laufen, Gehen.

Schon früher wussten die Leute, dass man gehacktes Fleisch nur verzehren darf, solange es sehr frisch ist. In vielen Ländern gab es deswegen nur einmal im Jahr eine

EIN KLOPS MIT GESCHICHTE

Die ersten Hamburger, die damals noch Frikandel hießen, werden in holländischen Kochbüchern des 15. Jahrhunderts erwähnt. Der Fleischteig, der dazu verwendet wurde, bestand aus klein geschnittener Schweineschnauze und fein gewiegtem Kuheuter, was mit eingeweichtem Brot und Ei vermengt wurde. Da die Frikandels so ohne weiteres nicht zusammenhielten, wurden sie manchmal in Salatblätter gewickelt und dann in einem Topf über dem Feuer gegart.

Art Frikadelle, das war am Schlachttag. Früher nämlich rückte der Metzger mit seinem Geschirr am Schlachttag auf dem Bauernhof an. Nur er hatte riesige scharfe Messer, mit denen das frische Fleisch und andere Bestandteile des Schlachttieres in großen Mengen fein gewiegt werden konnten. Mit dem Hack wurden dann die gereinigten Därme des Tieres zu Würsten gestopft und geräuchert. Die große Kunst dabei war das Würzen und auch die war Sache des Metzgers. Das Würzen war von größter Bedeutung. Da ging es um die Wurst. Wenn die Masse erst einmal in den Würsten war, konnte man nichts mehr ändern und musste vielleicht ein ganzes Jahr lang langweilige oder versalzene Wurst essen.

Um die Kunst des Metzgers beim Abschmecken der Wurstmasse zu kontrollieren, wurden darum in einer heißen Pfanne kleine Buletten gebacken, die man zusammen mit den ersten eingelegten Gurken des Sommers verzehrte. Auf diesen kleinen Zwischenimbiss freuten sich alle, die seit Tag und Tau beim Schlachten mitgeholfen hatten. Erst, wenn der Hausherr nickte und den Geschmack der Fleischmasse in den kleinen Bratlingen für gut befand, wurde der Metzger verabschiedet, dann konnte auch die eigentliche Wurstproduktion weitergehen.

Das, was wir Hamburger nennen, ist vermutlich kaum mehr als hundert Jahre alt. Damals, bei der Weltausstellung 1904, soll ein Imbissverkäufer als Erster auf die Idee gekommen sein, einen gebratenen Hackfleischklops mit Senf und Ketchup zu bestreichen und mit Zwiebeln zu garnieren, bevor er ihn zwischen zwei Brötchenhälften klemmte, damit sich kein Messebesucher die Finger schmierig machte.

In manchen Kochbüchern steht auch, dass der Name „Hamburger" tatsächlich aus Hamburg käme. Angeblich war die Fleischfrikadelle ein bevorzugtes Essen der Seeleute, das sie auf ihren Atlantiküberquerungen als Proviant mitgenommen haben. Doch das ist Quatsch. Auch in der salzhaltigen Meeresluft hält sich Hackfleisch nicht viel länger als an Land. Viel wahrscheinlicher ist, dass zwischen den beiden Hälften des berühmten Brötchens ursprünglich eine dicke Scheibe „ham" (engl. für Schinken) gelegen hat. Das wäre auch für den angeblichen Hamburger-Erfinder auf der Weltausstellung von 1904 praktischer gewesen, denn immerhin hätte er dann nicht (auf damals noch offenem Feuer) hunderte Frikadellen braten müssen.

KRIMIS UND KETCHUP

Mit der Erfindung des Farbfilms hatten auch die Filmstudios in Hollywood einen riesigen Bedarf an Tomatenketchup, der als Blutersatz in Mordszenen herhalten musste. Allerdings gab es auch einige Regisseure, die die Schmiererei am Set sehr ekelig fanden. Am meisten ekelte sich stets Alfred Hitchcock.

Der Meister des Gruselfilms war so empfindlich, dass er Ketchup nicht einmal mehr über seinen „fries" mochte, den amerikanischen Pommes frites. Sein wohl berühmtester Film „Psycho" wurde noch 1961 extra in Schwarzweiß gedreht, damit das viele Blut nicht so scheußlich aussah.

AB DURCH DIE MITTE

Der heute zum Hamburger zwingend dazugehörende Tomatenketchup ist eigentlich eine chinesische Erfindung.

Ende des 17. Jahrhunderts wurden mit „Ketsiap", einer stark gesüßten Sojasauce, nicht mehr ganz frisches Fleisch und betagter Fisch etwas genießbarer gemacht. Super Idee, fanden die europäischen Handelsleute und nahmen das Rezept mit nach Hause. Englische Köche entwickelten daraus die Worcestersauce.

In Amerika fristete die Sauce in ihrer tomatigen Version als „tomato catsup" ein Schattendasein, bis der Unternehmer Harry Heinz daraus den berühmten heutigen Ketchup herstellte. Was daran als Einziges immer noch genauso ist wie früher: der hohe Zuckeranteil. Mit dem hängt es wohl auch zusammen, dass uns der weniger süße Ketchup aus dem Bioladen meist nicht so gut schmeckt.

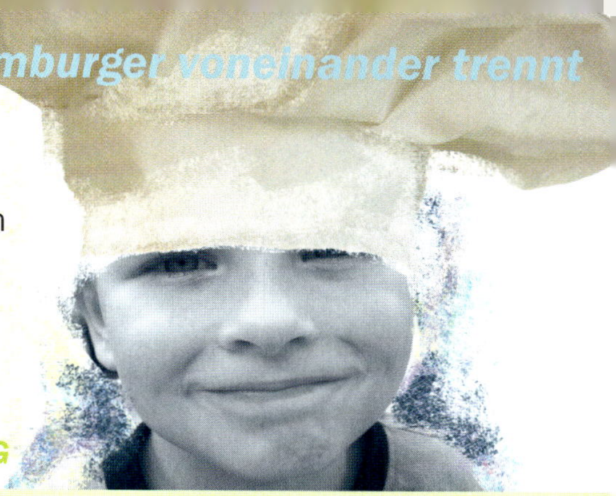

Wer heute zu Hause die nahen und entfernten Verwandten des Hamburgers selbst herstellen will, sollte sich an die sechs Grundregeln der Hackfleischverarbeitung halten.

SECHS GRUNDREGELN DER HACKFLEISCHVERARBEITUNG

- *Immer nur das beste und frischeste Hackfleisch nehmen, das aus Kalb, Rind, Schwein, Lamm, Huhn oder Pute bestehen kann – wegen der Sicherheit.*

- *Nicht unbedingt nur das ganz schiere und fettarme Fleisch bevorzugen. Wenn man den Klops nicht allzu heftig würzen will, benötigt man auch etwas Fett – wegen des Geschmacks.*

- *In einen hausgemachten Fleischklops gehört immer auch ein Eiweiß – wegen der Bindung.*

- *Und es gehören ein paar Faserstoffe wie zum Beispiel eingeweichte Brötchen, Brösel oder Reis hinein – wegen der Lockerheit.*

- *Hackfleisch sollte stärker gewürzt werden als andere Speisen – wegen der eigentlichen Süße des Fleisches, die sonst zu stark durchschmecken würde.*

- *Den Klops immer ganz durchbraten und nicht länger als einen Tag aufbewahren – auch wegen der Sicherheit.*

Beduinenobst

– für unterwegs

ZUTATEN *(für vier Beduinen)*

400 g Hackfleisch,
halb Rinderhack, halb Schweinehack
1 Ei
2 mittlere Zwiebeln, geschält
und fein gehackt
2 Knoblauchzehen, geschält
und zerdrückt
2 Scheiben Sesamknäckebrot,
fein zerbröselt
1 EL Tomatenmark
1 TL Salz
5 Umdrehungen aus der Pfeffermühle
400 g blaue oder grüne Trauben

ZUBEREITUNG

- Fleisch, Ei, Knäckebrösel, Zwiebeln, Knoblauch, Tomatenmark und Salz zu einem geschmeidigen Teig vermengen und daraus kleine Klopse formen (etwas kleiner als ein kleines Hühnerei).
- Backpapier auf einem Blech ausbreiten und das Beduinenobst bei 200 Grad im vorgeheizten Backofen 25 Minuten lang backen.
- Zwischendurch einmal mit der Holzzange herumrollen.
- Klöpschen auskühlen lassen und zusammen mit den gewaschenen und von den Stängeln gezupften Trauben auf vier kleine braune Papiertüten verteilen.

Beduinenobst wird draußen gegessen.

TOD DURCH BROT

Schon in den Tavernen und Gasthäusern der alten Zeit galten Wirte, die eine Speise in zu kleinen Mengen ausgaben oder sie mit minderwertigen Bestandteilen streckten, als Verbrecher. Nur viel Essen war ein gutes Essen und es sollte viele teure Bestandteile enthalten: viel Fleisch, viel Fett, viele Gewürze, und wenn es sich um Buletten handelte: wenig alte Brötchen. Noch verwerflicher fand man nur, wenn ein Bäcker zu kleine Brötchen buk. Falls das passierte, fesselte man seine Hände und nagelte ihn mit dem Ohrläppchen (Gesellen) oder am goldenen Zunftring (Meister) an die Kirchentür, bis er sich unter dem Hohngeschrei der Leute wieder losriss. Daher soll der Name Schlitzohr kommen.

Elefantenohr

ZUTATEN

400 g Rinderhack
1 frisches Vollkornbrötchen
125 ml Milch oder Tomatensaft
1 kleines Ei
1 Hand voll Rauke (bekannter als Rucola)
2 EL Pinienkerne
1 EL Parmesan
1 TL Senf
½ TL Salz
Pfeffer
Margarine zum Braten

ZUBEREITUNG

- Brötchen in Tomatensaft oder in Milch einweichen und ausdrücken, übrige Flüssigkeit nicht mitverwenden.
- Die Rauke waschen und mit einer Schere in kleine Stückchen schnippeln.
- Die Pinienkerne in einer kleinen Pfanne ohne Fett etwas anrösten, bis sie anfangen, nach Pinienkernen zu duften.
- Alle Zutaten zu einem geschmeidigen Teig vermengen.
- Den Teig zu einem relativ dünnen, fladenartigen, runden Gebilde formen, das gut in eine Haushaltspfanne passt.
- Ein daumengroßes Stück Margarine in einer Pfanne schmelzen lassen und das Elefantenohr darin anbraten, vorsichtig wenden und auch von der Rückseite braten. Deckel drauf, bis wirklich alle beim Essen sitzen; das Elefantenohr neigt zum Austrocknen.

Wie das Elefantenohr genau geteilt wird, handeln die Jäger unter sich aus.
Dazu schmeckt Kartoffelsalat.

Die größte aller Buletten heißt in Rheinland-Pfalz „Ischel“ für „Igel“ und in Norddeutschland ***ELEFANTENOHR***. Gemeint ist immer das Gleiche: ein gigantischer, etwas platt gedrückter Hackklops, der für mehrere Jäger reicht.

Unter den vermutlich Abermillionen von Hackfleischgerichten auf der Welt gibt es viele, die hauptsächlich Kindern munden, manche, die eher Erwachsenen einleuchten, und einige, die der ganzen Familie vom kleinsten Hochstuhlhüpfer bis zum coolen Achtzehnjährigen – und natürlich auch den Erwachsenen – schmecken. ***FALSCHER TIGER*** ist eines dieser Rezepte.

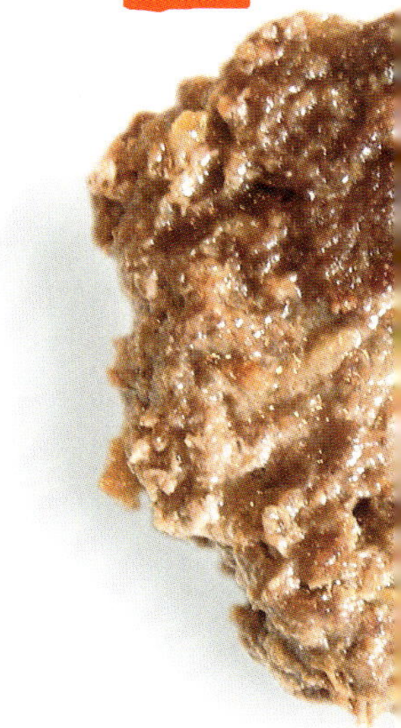

Falscher Tiger (kleiner Imbiss)

ZUTATEN

350 g Lammhack
1 Ei
2 Scheiben Vollkorntoastbrot
2 Knoblauchzehen
1 TL Salz
Pfeffer
1 gelbe Paprika
1 Orange
1 Dose Zuckermais (400 g)
2 EL Schmant

ZUBEREITUNG

- Orange auspressen.
- Die Paprika waschen und ohne die Innenwände in centgroße Stückchen schneiden.
- Knoblauch pellen, hacken und in einem EL Butter sehr kurz anrösten.
- Mit dem Orangensaft ablöschen, Paprika hinzugeben und im geschlossenen Topf gar dünsten. Kurz vor dem Ende des Garens Deckel abnehmen und Orangensaft komplett verkochen lassen. Danach den Topf vom Herd nehmen.
- Toastbrot in kleine Stückchen rupfen und dazugeben, gut durchrühren, auf Handwärme auskühlen lassen.
- Mit dem Lammhack, dem Ei, dem Salz und dem Pfeffer vermengen und zu einer homogenen Masse kneten.
- Aus der Fleischmasse vier längliche Tigerknochen formen.
- Tigerknochen in Öl rundherum anbraten und im geschlossenen Topf ganz durchgaren.
- Mais erwärmen, mit dem Schmant vermischen und mit Salz und Pfeffer abschmecken.

Mais auf tiefe Teller verteilen, Tigerknochen darauf legen.

IN GUTEN UND IN SCHLECHTEN ZEITEN

Im Jahre 1986 hat die amerikanische Zeitschrift „The Economist“ eine neue Maßeinheit erfunden: den Big Mac Index.

Damit wollten die Wirtschaftsredakteure die Kaufkraft von Hungrigen überall auf der Welt vergleichen – denn große Fastfood-Ketten hatten sich über den ganzen Globus ausgebreitet. Beim Big Mac Index wird verglichen, wie viel eines der dicken Fleischbrötchen in den verschiedenen Ländern kostet: In China ist das viel mehr als in Deutschland und in Deutschland viel mehr als in den USA. In jüngster Zeit aber haben die Banker von UBS, einer amerikanischen Investmentbank, noch eine weitere Maßeinheit gefunden: Sie vergleichen die Arbeitszeit, die ein Arbeiter aufbieten muss, um sich vom Lohn einen Big Mac zu kaufen. In Kenia sind das mehr als drei Stunden, in Polen ist es eine Dreiviertelstunde und in den USA sind es nur zehn Minuten. Daten aus Deutschland wurden diesmal überhaupt nicht erfasst.

Zwangsjacken

Das hier folgende Rezept hat den unwiderstehlichen Charme, dass man später beim Essen beobachten kann, wie die eigenen Kinder tatsächlich Kohl essen, eines der gesündesten Lebensmittel überhaupt. Ein ungewöhnlicher Anblick. Bestimmt wird es niemand glauben, was da geschehen ist.

ZUTATEN

300 g Schweinemett
2 Zwiebeln
1 Ei
1 Schwarzbrotkante (ersatzweise eine Scheibe Schwarzbrot)
Pfeffer
½ TL Salz
1 El Butter
1 schönblättriger Wirsing
1 Becher Sahne
1 TL Anis (gemahlen)

ZUBEREITUNG

- Von dem Wirsing vorsichtig 8 schöne äußere Blätter (aus der zweiten und dritten Hülle) abschneiden, waschen und in einem großen Topf mit kochendem Salzwasser kurz aufwallen lassen. (Wirsingherz an Kaninchen oder an die Erwachsenen verfüttern.)
- Wirsingblätter herausnehmen und für ein paar Sekunden in sehr kaltes Zitronenwasser legen (Saft einer Zitrone auf 2 Liter Wasser). Blätter herausnehmen und mit einem Küchentuch trocken tupfen. Auf einer Arbeitsfläche ausbreiten und jeweils die dicke, ungefähr bis zur Blatthälfte reichende Mittelrispe herausschneiden. Übrig bleiben Blattstücke, die die Form einer Zwangsjacke mit traurig herabhängenden Armen haben.
- Zwiebeln pellen und auf einer Haushaltsreibe sehr fein reiben, Schwarzbrotkanten ebenfalls fein reiben. (Ansonsten 1 Scheibe Schwarzbrot sehr klein hacken.)
- Aus Hackfleisch, den feinen Schwarzbrotbröseln, Zwiebelmus, Ei, Salz und Pfeffer einen Teig bereiten und daraus 8 Fleischklöße formen.
- Auf jedes Wirsingblatt einen Kloß setzen, vorsichtig mit der „Zwangsjacke" umschließen.
- In einer Deckelpfanne 1 EL Butter schmelzen, Jacken hineinsetzen und ohne zu wenden leicht anbraten.
- Unterdessen die Sahne zusammen mit dem Anis einmal aufkochen lassen und sogleich über die Wirsingjacken geben. Deckel drauf. 20 Minuten bei mittlerer Hitze köcheln lassen. Dazu schmeckt knuspriges Baguette.

Hot Stuff
für unterwegs und draußen

3

Was ein Junge essen kann, der gleichzeitig in ein Feuer blickt

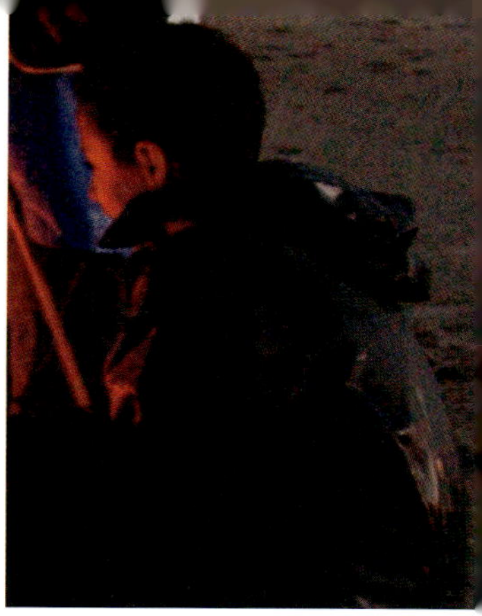

In der Geschichte der Menschheit gibt es ein wichtiges Datum, das schon eine halbe Million Jahre zurückliegt. Damals lernten die Menschen das Feuer zu bändigen. Und darauf zu kochen. Die Geschichte des Essens fängt an dem Tag an, an dem ein Mensch – vermutlich war es einer, der in der Umgebung von Peking lebte – es lernte, eine Speise mithilfe des Feuers zu garen oder zumindest schon einmal etwas zu erwärmen. Ungenießbares Fleisch und bittere Wurzeln wurden dadurch genießbarer, Bakterien wurden abgetötet und konnten dem Erfinder nicht mehr seinen Urmenschenmagen verdrehen und vermutlich schmeckte das Ganze auch noch besser.

An diesem Tag – so sehen das heute manche Forscher – beginnt nicht nur die Geschichte des Kochens, es beginnt vielleicht sogar die Geschichte der menschlichen Zivilisation. Vieles spricht dafür, dass es dem Menschen seit diesen Tagen im Blut liegt, mit Genuss an einem Feuer zu sitzen und unter freiem Himmel zu essen, auf einer Wanderung oder während man draußen einfach nur herumhängt.

Die ersten Urmenschen pflegten ihre Nahrung einfach an den Rand des Feuers zu legen und abzuwarten. Dass angekokeltes Eiweiß Krebs erregend ist, wussten sie nicht. Bis vor mehr als zehntausend Jahren endlich der Kochtopf erfunden wurde, wurde überall auf der Welt in

Erdöfen gekocht. Dazu wurde einfach eine Grube von der Größe und Tiefe eines heutigen Bratentopfes ausgehoben und mit großen Blättern ausgelegt. Darauf kam das Bratgut: Stücke von erlegtem Wild zum Beispiel, manchmal aber auch Wurzeln oder Früchte.

Nach einer weiteren Schicht großer Blätter wurde der Erdofen an seiner Oberseite mit heißen Steinen aus einem in der Nähe entfachten Feuer abgedeckt. Manchmal kamen die Steine auch nach unten und der Braten nach oben. Vorteil: Der Braten garte langsam und sicher und ohne dass er anbrennen konnte. Zudem blieb der Geschmack erhalten und als göttliche Beigabe bildete sich ganz von selbst noch ein meist köstlicher Sud. Die Methode ist allerdings nicht zu empfehlen, wenn man großen Hunger hat, denn das Kochen dauert sehr lange.

Es gab sogar Stämme, die in so einem Erdofen unter der Zugabe von Wasser kochen konnten. Dazu allerdings mussten sie zunächst einen sehr dicht geflochtenen Korb herstellen, in dem sich die Flüssigkeit auch hielt.

Das Backen im Erdofen wird noch heute manchmal spaßeshalber von Pfadfindern praktiziert, denn diese Technik ist einfach unterirdisch gut. Und in etwas kultivierterer Form wird sie auch noch in unserer Küche benutzt: beim Garen im Römertopf oder in der Alufolie. Auch da wird unter Luftabschluss eine Speise gegart, meistens ziemlich lang und meistens bei einer geringeren Durchschnittstemperatur. Das Aroma bleibt damit erhalten und besonders Gerichte mit Kräutern schmecken so sehr gut.

Bei Jungen kann man die Verbundenheit mit den Urmenschen noch viel deutlicher beobachten als bei Mädchen. Man denke nur einmal an den Vorgang des Grillens. Erwachsene Männer haben oft nachgerade eine Leidenschaft für das Feuermachen im heimischen Garten und für die Zubereitung ohne Kochtöpfe. Und schon kleinere Jungen werden vom Feuer magisch angezogen. Viele Frauen hingegen können dem eigentlichen Grillen nicht viel abgewinnen. Da machen sie lieber den Salat, der ja immerhin auch in einer Schüssel angerichtet wird. Nie würde ein Mann sagen: „Guck du mal nach dem Feuer, ich kümmere mich inzwischen um den Salat.“

Jungeneltern, die einen Garten ihr Eigen nennen, haben es besonders leicht. Denn schon kleine Jungen ab etwa vier Jahren kann man (unter mehr oder minder abständiger Aufsicht) selbstständig etwas grillen oder backen lassen. Und warum eigentlich sollte das immer nur im Sommer sein? Solange es nicht direkt in den Grill hineinschneit, kann man ihn auch im Winter entfachen und die Jungen anregen, darauf die interessantesten Speisen zu bereiten. Oder einfach einmal fürs Abendessen zu sorgen. Auf den öffentlichen Grillplätzen in Parks und Wäldern dürfte man bei Regen, Schnee und Matsch ganz allein mit seiner Jungenschar sein. Na und? Sie sind doch nicht aus Zucker.

Zudem ist eine im winterlichen Wald gegarte Kartoffel, ein duftendes Gemüse-Kräuterpäckchen im Urmenschenstil oder ein selbst gegrillter Lagerfeuerapfel für den Jungen vielleicht anregender als ein Gericht aus den gleichen Zutaten, das am heimischen Küchentisch eingenommen werden soll.

Wichtigstes Utensil für den heutigen Lagerfeuersitzer und Grillentfacher ist Alufolie. Wir bedauern den Urmenschen, dass er ohne auskommen musste, und wir sind uns darüber im Klaren, dass es Materialien gibt, die die Umwelt mehr schonen. Dennoch sollte man sich überlegen, ob der Verbrauch von ein paar Zentimetern Alufolie pro Monat nicht doch zu den lässlichen Umweltsünden zählt. Und wenn man denn schon dabei ist: Alufolie gibt es in verschiedenen Stärken. Und – wen wundert's? – die stärkste und dickste und leider auch teuerste, die mit dem Markennamen, ist die Beste. Was man an Alufolie ausgibt, spart man leicht an Papiertaschentüchern für das Trocknen der Verzweiflungstränen kleiner Jungen, die zwei Stunden im Schneeregen bei ihrem bratenden Bratapfel ausgeharrt haben und dann sehen müssen, wie er aus der Folie reißt, in die Glut kullert und verzischt.

In die schützende Hülle der Alufolie kann man so ungefähr alles einpacken, was gesund und lecker ist. Allerdings sollte man es zu Anfang nicht gleich übertreiben. Eine simple und möglichst nicht männerfaustgroße, sondern lieber kinderfaustkleine Kartoffel wird an ihrer Oberseite etwas eingekerbt, mit ein paar hauchdünnen Zwiebelscheibchen gespickt, mit etwas Butter bepinselt und leicht gesalzen. Nicht zu stramm einwickeln. Besser kann man eine Grillkartoffel nicht machen. Wer seine Kinder für ungeduldig hält, sollte es mit einer wirklich kleinen Kartoffel von der Größe eines Taubeneis versuchen. Ganz wichtig: nur eine Kartoffel pro Kind. Inflationäres Muttergebaren ist der Tod des Grillens. Soll das Kind ruhig ein wenig schmachten, das mussten die Urmenschen ja auch.

Wer mit besonders ungeduldigen oder noch sehr kleinen Jungen zu tun hat oder bei Hagelschauern in den Wald zum Grillplatz aufbricht, kann die Kartoffeln auch heimlich vorkochen; es muss ja nicht die ganze lange Garzeit sein, zehn Minuten in der Küche bedeuten dreißig im Wald. Das dermaßen vorbereitete Kartöffelchen wird in Alufolie eingefaltet und einfach zwischen die kokelnden Kohlen oder Äste gelegt. Solange das Feuer nicht ausgeht, kann man nicht viel falsch machen. Als Getränk dazu empfiehlt sich Wasser; heißes ist besser als kaltes. Weichlinge können auch Tee bekommen. Mehr nicht.

Alufolie wird aber nicht etwa einfach irgendwie über dem Grillgut zusammengeknüllt. Sie wird gefaltet. Und zwar mit der Drogistenfaltung, die früher jeder Einzelhandelslehrling beherrschen musste. Zum Aufmachen einfach nur das erstgefaltete Stück in der Mitte etwas aufziehen. Das ist dann so ungefähr wie ein Suppenteller oder eine Schale.

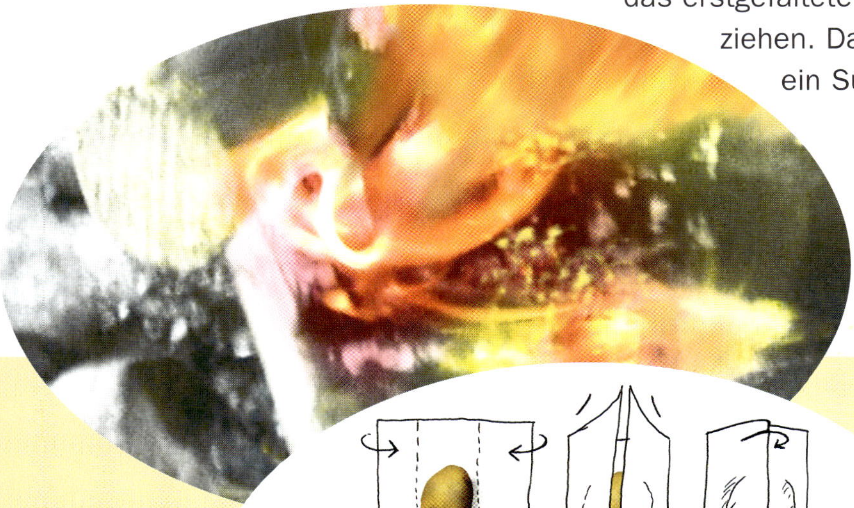

DIE DROGISTENFALTUNG

Eine Kartoffel wird auf ein Stück Alufolie gelegt.
Alufolie von zwei Längsseiten hoch über der Kartoffel Rand an Rand zusammennehmen und mehrfach gemeinsam nach einer Seite zusammenfalten, bis die Faltung noch nicht ganz Kontakt mit dem Bratgut hat. Luft muss Platz haben.
Nun die beiden Querseiten einzeln fest kniffen und wie einen Faltenrock an das Bratgut heranfalten, auch hier etwas Platz lassen. Fertig.

Die meisten Grillrezepte kommen, kein Wunder, aus den USA. Nicht nur, dass dort die Pfadfinderkultur noch lebendig ist, auch der Westernheld, der mit seinem Pfännchen voller Bohnen an einem Lagerfeuer hockt und über sich nichts hat als den Sternenhimmel, ist eine typisch amerikanische Chiffre. Der Cowboy nämlich unterliegt drei Bedingungen, die auch das Essverhalten eines modernen Jungen bestimmen: Er hat ganz viel Hunger, wenig Geld und keine Zeit. Viele Cowboy-Knaller aus den USA, mit oder ohne Bohnen, kann man auch in einem mitteldeutschen Gärtchen oder gar auf dem Balkon nachbrutzeln. Letztlich ist Grillen eine Sache des Gefühls und nicht der Dekoration.

DER KAMPF GEGEN DIE BITTERNIS

Der Braten auf dem Feuer macht Speisen nicht nur gar und heiß. Manchmal hat dieser Vorgang auch extreme Auswirkungen auf den Geschmack.

Das ist zum Beispiel bei Pampelmusen der Fall. Roh schmecken die Grapefruits, wie sie neudeutsch genannt werden, bekanntlich sauer und ziemlich bitter, obwohl sie so gesund sind. Aber eine gegrillte Grapefruit ist eine Köstlichkeit, die auch den empfindlichen Geschmack von Jungen trifft: Grapefruit halbieren, die Hälften wieder zusammenlegen und mit Drogistenfaltung einwickeln. Beim Auspacken vorsichtig sein, Saft wird knallheiß.

Cowboy-Dinner

ZUTATEN *(für vier Cowboys)*

400 g Thüringer Mett
4 EL Ketchup
4 Möhren in Scheiben
eventuell vorgekochte Pellkartoffeln in Scheiben
Gemüse aus der Dose: Zuckermais, Bohnen
oder frisch: klein geschnittene Paprika, Pilze (iiih!), klein geschnittene Zwiebeln, Fenchel, Brokkoli
eventuell Apfelschnitze, Tockenaprikosen (iiih!), Rosinen
4 sehr große Stücke Alufolie

Bei den Zutaten, hinter denen „iiih“ steht, sollte man die Jungen vorher genau befragen, ob sie das wirklich versuchen wollen. Eine andere Möglichkeit ist es, die Jungen selber einkaufen zu lassen, was die Cowboys zu grillen wünschen.

ZUBEREITUNG

- Jeder bekommt ein eigenes Stück Alufolie und häufelt darauf zuunterst das Mett und den Ketchup und darauf etwas Gemüse oder auch Früchte.
- Mit Drogistenfaltung schließen und 20 Minuten lang in der heißen Glut garen.
- Vorsichtig öffnen. (Und vorher keine Löcher in die Alufolie stechen!)

Notfalls sollte man kontrollieren, ob das Fleisch auch wirklich gar ist.

CHICORÉE-LÖFFEL

4 knackharte Chicoréeblätter von der Außenseite abtrennen, etwas glatt schneiden und damit das Cowboydinner löffeln (Strunkseite zum Mund hin).

BITTERE ERKENNTNIS

Afrikanische Forscher haben herausgefunden, dass ein Mensch mit einem hungrigen Magen die Geschmacksrichtungen süß und salzig viel stärker wahrnimmt als ein satter. Bitteres Essen hingegen, wie zum Beispiel manche Salate, Kräuter oder Früchte, erscheinen einem Hungrigen noch viel bitterer, als sie wirklich sind. Mit dieser Empfindlichkeit, so die Forscher, schützten sich die Urmenschen vor ungenießbaren bis giftigen Pflanzen und Früchten, die sie in ihrem unbändigen Appetit vielleicht gierig gefuttert hätten.

Cowboy-Kuchen

ZUTATEN *(für vier Cowboys)*

4 kleine Äpfel
1 TL Zimt
4 EL Fertig-Kuchenmischung (für Rührkuchen)
4 große Stücke Alufolie

ZUBEREITUNG

- Äpfel klein schneiden (lassen) und auf der Alufolie ausbreiten, mit Zimt und Kuchenmischung bestreuen, mit etwas Luft zusammenfalten und kräftig schütteln.
- Für 30 Minuten in die heiße Glut geben.

Die Teigmischung wird sich mit der Apfelflüssigkeit vermischen. Was herauskommt, ist eine Art Kuchenklops, lecker und löffelbar. Auf die gleiche Art lassen sich auch leckere Kuchen mit anderen Früchten wie zum Beispiel Birnen oder Kirschen herstellen. Wichtig ist nur, dass die jeweilige Obstsorte saftig genug ist.

ZU GESUND MACHT KRANK

Wissenschaftler haben neben den bekannten Essstörungen eine neue Krankheit entdeckt, die sich immer mehr verbreitet: die Orthorexie.

Diese Erkrankung soll viel häufiger sein als die Bulimie (Brech-Sucht) oder die Anorexie (Magersucht).

Bei dieser Krankheit macht der Patient sein gesundes Essen zum Zentrum seines Lebens, bis der Gesundheitswahn ihn schließlich am normalen Weiterleben hindert und ihn sozial und emotional isoliert.

MAMAS MAMPFER

Die englische Frauenforscherin Sally Clinbe hat festgestellt, dass die meisten erwachsenen Männer am liebsten die Speisen essen, die ihnen in ihrer Kindheit von ihrer Mama gekocht worden sind. Wer möchte, dass ein Sohn später einmal ein gesunder Mann wird, tut also gut daran, ihm schon jetzt ein paar Nahrungsvorlieben beizubringen, von denen seine Gesundheit später profitieren wird.

ESSEN ON THE RUN – WAS MAN SICH FÜR UNTERWEGS MITNEHMEN KANN

Kleine Jungen sind ewige Reisende. Deswegen tut man ihnen auch keinen Gefallen, wenn man mit ihnen picknicken geht. Gegen das Draußensein hätten sie zwar nichts. Wohl aber gegen das adrette Sitzen am Rande einer Picknickdecke. Für die wenigen warmen Tage des Jahres – und für die Schulpause – muss ein Essen her, das man notfalls mit einer Hand und ohne weiteres Zubehör zu sich nehmen kann. Es sollte nicht schnell verderblich sein und von der Konsistenz her eher trocken als feucht. Es muss stoß- und kratzfest sein, dazu matschresistent – und es sollte möglichst auch dann noch

Ameisen im Sand

ZUTATEN FÜR ZWEI TÜTEN

200 g Vollkornbutterkekse
50 g längliche Schokoladenstreusel

ZUBEREITUNG

- Vollkornkekse mit dem Nudelholz zu Sand zerbröseln, mit den „Ameisen“ mischen und in zwei Gefrierbeutel (mit Reißverschluss) abfüllen.

Ameisen im Sand werden mit den Händen gegessen oder direkt in den Mund geschüttet.

schmecken, wenn es vier Stunden lang in nicht sehr erlesener Gesellschaft in einer Sporttasche gelegen hat. Zudem muss es noch eine andere Bedingung erfüllen: Essen für unterwegs muss cool sein. Was cool genau ist, weiß zwar niemand, aber man kann cool einige Eigenschaften zuordnen:

Cooles Essen

ist keinesfalls mädchenhaft.

sieht so aus, als könne man es keinesfalls mit Messer, Löffel und Gabel verspeisen.

enthält keinerlei Verzierungen oder Dekoration, es ist pur, so wie der Mann selbst.

sieht so aus, als wüchse der Junge ohne Mutter und möglichst auch ohne Vater auf, elterliche Einflussnahme auf den Pausensnack ist nicht mehr feststellbar.

Für Sportler:
Mampf

ZUTATEN

100 g geröstete, ungesalzene Erdnüsse
100 g geröstete, ungesalzene Mandeln
100 g geröstete Sonnenblumenkerne
100 g klein geschnittene getrocknete, ungeschwefelte Apfelringe
100 g klein geschnittene getrocknete, ungeschwefelte Aprikosen
100 g helle Rosinen
100 g Schokolinsen

ZUBEREITUNG

Alle Zutaten gut vermischen und in einer luftdichten Dose aufbewahren. Zum Mitgeben auf kleine Papierbeutel verteilen.

Das nicht matschig werdende
Mega-Pausenbrot!

ZUTATEN *(für ein Schulkind)*

2 kleine Scheiben Graubrot
50 g Kochschinken in superdünnen, nahezu zerfallenden Scheibchen
1 TL Butter oder Mayonnaise

ZUBEREITUNG

- Brot toasten und völlig auskühlen, aber nicht hart werden lassen (ca. 5 Minuten).
- Mit Butter oder Margarine bestreichen und gleichmäßig mit dem Kochschinken belegen.
- Zusammenklappen und stark zusammendrücken, aber ohne dass der Kochschinken herausquillt. Brotgröße so wählen, dass der Kochschinken etwa ½ Zentimeter dick liegt.
- In 4 Teile schneiden. In einem Papiertütchen mitgeben.

Bleibt ca. 8 Stunden lang schmackhaft.

Das nicht matschig werdende Mega-Pausenbrot II

ZUTATEN *(für ein Schulkind)*

1 Scheibe dunkles Schwarzbrot
1 Scheibe helles Weißbrot von gleicher Größe
1 TL Butter oder 1 EL Erdnussbutter (huch!, aber gut)
1 Scheibe Käse von gleicher Größe
1 kleines Marzipanbrot ohne Schokohülle (ca. 20 g)
1 kleiner Apfel

ZUBEREITUNG

- Helles Weißbrot toasten und ganz auskühlen lassen.
- Schwarzbrot mit der Hälfte der Butter, dem in hauchdünne Scheibchen geschnittenen Apfel, dem in hauchdünne Scheibchen geschnittenen Marzipan und der genau passenden Käsescheibe belegen.
- Ausgekühlten und gebutterten Toast darauf legen und gut zusammenpressen.

Versunkene Träume

4

Süße Erinnerungen

Zu den nachhaltigsten Erinnerungen – neben der ersten Liebe – gehören bei den meisten Menschen Einnerungen an das Essen oder Trinken der Kindheit und Jugend. Ganze Generationen von Menschen, die heute lange im Großelternalter sind, verziehen immer noch das Gesicht, wenn nur das Wort „Lebertran“ erwähnt wird. Andere suchen immer wieder nach verschollenen Düften, Gerüchen und Geschmäckern aus ihrer Kindheit – und finden sie doch nie wieder.

Meistens nämlich ging es in der Phase, in der der Mensch am stärksten prägbar ist, nicht nur um das Essen allein. Oft kam noch etwas hinzu, das nun mit den sinnlichen Eindrücken auf dem Boden unserer Erinnerung liegt: das gute Gefühl, mit einem Stück Schokolade für eine gute Leistung belohnt worden zu sein (heute als pädagogisches Instrument ausgestorben). Der Biss in ein fremdes Pausenbrot, auf dem völlig andere Geschmäcker versammelt waren als auf dem eigenen. Ein Butterbrot, auf das wütende Tränen tropften, ein Umstand, der einen als Kind meist nicht daran gehindert hat, unverdrossen weiterzuessen. Vielleicht sogar der erste Kuss, der nach Kaugummi schmeckte, nach Softeis oder nach den essbaren Anteilen von verschwitzter Nivea-Sonnenmilch. Fragen Sie doch mal herum, was Ihre Freunde für Erinnerungen an das Essen ihrer Jugend haben. Und fragen Sie auch ihre Jungen, egal wie klein sie noch sind.

Um 1960: CHRISTOPH ALLEIN ZU HAUS

Wie ich kochen lernte

Als mein Vater starb, war ich sieben. Meine Schwester war fünf Jahre alt und unsere Mutter musste arbeiten gehen. Es war wenig, was sie verdiente, aber trotzdem hat sie es irgendwie geschafft, uns über die Runden zu bringen. Jeden Tag gab es Mittagessen. Welche Leistung das war, habe ich damals nicht begriffen.

Meine Schwester und ich waren das, was man damals „Schlüsselkinder" nannte, nicht ohne bedauernden Beiklang. Wir fanden das in Ordnung und lernten für uns selbst zu sorgen. Wenn wir Hunger hatten, schmierten wir uns ein Brot, das, auch wenn es zu dick vom Laib abgeschnitten war, verschlungen wurde.

Woher die Idee kam, eine Scheibe Brot in der Bratpfanne zu rösten, weiß ich nicht mehr. Es schmeckte prima und war leicht herzustellen. Irgendwann ergab sich die Situation, dass ich jeden Dienstag mein Essen selbst zubereiten musste. Meine Mutter war nicht da und meine Schwester aß woanders. Geröstetes Brot, natürlich, aber das wurde mir bald zu langweilig. Ich fand, ein Spiegelei würde dazu gut schmecken. Wie ein Spiegelei gemacht wird, hatte ich zwar schon oft gesehen, aber bald wurde mir klar, dass es nicht so einfach ist, wie es aussieht. Die

Spiegeleier, die mir gelangen, sahen vielleicht nicht so aus, dass man sie hätte fotografieren wollen, aber sie schmeckten vorzüglich zu meinem gerösteten Brot.

Der nächste Schritt war eine Scheibe Käse. „Scheibletten" waren damals neu und modern. Vor allem hatten sie die wundervolle Eigenschaft, auf dem heißen Brot zu schmelzen, was ich faszinierend fand. Später entdeckte ich noch, dass Schinken, den ich sonst nicht so besonders mochte, sich in der Pfanne zu einer knusprigen Zutat veränderte. Und ich merkte, dass ich das Brot weniger salzen musste, wenn Schinken dazukam.

In den Gesprächen der Erwachsenen hatte ich ein Modewort der damaligen Zeit gehört: „verfeinern". Alles wurde irgendwie mit irgendwas „verfeinert", und so beschloss ich, das auch mit meinem Dienstagsessen zu tun. Eine nahe liegende Möglichkeit bestand für mich darin, Ketchup über die Brotscheibe mit Schinken und Spiegelei zu gießen. Köstlich, fand ich.

Bald darauf aß ich meine erste Currywurst. Ketchup und Curry, welch göttliche Kombination. Unschwer zu erraten, wie ich am nächsten Dienstag meine Ketchupsauce verfeinerte. Das öffnete Horizonte, Dämme brachen. Die weite Welt der Gewürze hielt Einzug in meine Küche. Pfeffer, Majoran, Basilikum, Muskat – alle möglichen Pulver und Krümel wurden mit meinem Ketchup vermischt. Immer wieder habe ich abgeschmeckt und neue Entdeckungen gemacht. Zum Beispiel Zucker als Gewürz entdeckt und herausgefunden, dass ein paar Tropfen Cognac das Nonplusultra der Verfeinerung ausmachen.

Während der Pubertät ließ mein Interesse am Kochen nach. Immerhin lernte ich in dieser Zeit mein damaliges Lieblingsgericht, Gulasch, zuzubereiten. Aus meiner kindlichen Kochphase habe ich nicht nur das Rezept für das gebratene Brot mit Schinken und Spiegelei mitgenommen, sondern auch zwei wichtige Erfahrungen, an die ich mich auch heute noch beim Kochen halte:

1.

Immer dabeibleiben. Brot und Spiegelei brennen verdammt schnell an. Daran halte ich mich auch heute noch. Selbst wenn ich eine Lammkeule mache, die vier Stunden schmoren muss, bleibe ich am liebsten in der Küche.

2.

Immer darüber nachdenken, was man noch besser machen kann. Was soll man auch Besseres machen, wenn man schon in der Küche ist. Inzwischen habe ich natürlich auch gelernt, dass man dabei übers Ziel hinausschießen kann. Aber das Essen gelingt garantiert besser, als wenn man ein paar Zutaten nur lieblos zusammenwirft.

Als ich bei einem berühmten Gastronomiekritiker gelesen habe, die wichtigste Zutat der Haute Cuisine sei Liebe, habe ich mich gefragt, wie man das wohl schmecken kann. Ich glaube, es ist die Zuwendung, die Konzentration auf das Essen, die den Unterschied ausmacht.

„Christophs schnelles Bratbrot“

ZUTATEN

1 Knoblauchzehe
1 Scheibe frisches Roggenmischbrot
1 Scheibe mittelalten Gouda
1 Scheibe Frühstücksspeck
2 EL Sonnenblumenöl
1 Ei
Tomatenketchup, Kräuter und Gewürze für die Sauce

ZUBEREITUNG

- Bratpfanne mit Knoblauchzehe ausreiben, 1 EL Öl auf mittlere Temperatur erhitzen.
- Die Brotscheibe von beiden Seiten goldbraun braten, eventuell beim Wenden der Brotscheibe noch Öl nachgießen.
- Mit einer Scheibe Käse bedecken, herausnehmen.
- Den zweiten Esslöffel Öl nachfüllen, ein Spiegelei und eine Scheibe Speck braten.
- Das Ei mit der Sauce überziehen und mit dem Speck auf die Brotscheibe legen.

DIE SAUCE sollte schon vorbereitet sein. Als Basis dient Tomatenketchup. Gewürze können sein:

Curry, Ingwer, Paprikapulver, Senf, Pfeffer, Zitronensaft, Cognac

– was Küche und Gewürzregal so hergeben.

„Spaghetti Muratore"

Ein Gericht sollte jeder Junge lernen: Spaghetti. Damit kommt man in jeder WG an, und außerdem lernt man, sein Kochen zu organisieren. Spaghettirezepte gibt es endlos viele. Ich schreibe eins auf, das ich von einem Maurer (italienisch „muratore") in Sardinien gelernt habe.

ZUTATEN *(für vier Personen)*

500 g Spaghetti

2 bis 3 mittlere Zwiebeln, geschält und gehackt

2 EL Olivenöl

1 kleiner Zweig Rosmarin (oder auch Thymian)

1 Dose gekochtes Rindfleisch (In Italien kann man „Carne Simmenthal" kaufen, gepökeltes Rindfleisch im eigenen Saft; bei uns funktioniert das Rezept auch mit „Corned Beef" aus der Dose.) Sonst 200 g frisches Rinderhack verwenden. In diesem Fall wird etwas mehr Salz und Pfeffer nötig sein.

1 mittlere Dose (450 g) geschälte Tomaten

ZUBEREITUNG

Zuerst muss man einen großen Topf Wasser aufsetzen. Einen oder zwei Esslöffel Salz dazu (die meisten nehmen zu wenig Salz), einige Tropfen Olivenöl auf die Waseroberfläche gießen und das Wasser zum Kochen bringen. In der Zwischenzeit die Zwiebelwürfel und den Kräuterzweig zusammen in Olivenöl anbraten, bis die Zwiebeln eine goldbraune Farbe haben. „Cipolla dorata" – „vergoldete Zwiebel" nennen das die Italiener. Rindfleisch aus der Dose hinzufügen und rühren, bis sich das Dosenfleisch aufgelöst hat bzw. das Gehackte angebraten ist. Leicht salzen und pfeffern.

Dazu kommt nun eine Dose geschälte Tomaten. Natürlich könnte man an dieser Stelle Tomaten schälen und entkernen, aber die geschälten Tomaten aus der Dose sind zum optimalen Zeitpunkt geerntet, haben ein gutes Aroma und erfüllen den Zweck mehr als ausreichend. Alles ohne Deckel leicht köcheln lassen.

Das sollte man schaffen, bevor das Spaghettiwasser kocht. Wer noch ungeübt ist, kann das Wasser auch jetzt erst aufsetzen und die Sauce ein Weilchen vom Feuer ziehen. Dann heißt es auf die Packung gucken. Dort steht die empfohlene Kochzeit (cottura). Wenn das Wasser kocht, die Spaghetti unter Wasser drücken und gleich auf die Uhr gucken. Denn die Kochzeit ist wichtig, harte oder verkochte Spaghetti schmecken nicht. Es kommt zwar nicht auf die Sekunde an, aber eine Minute zu langes Kochen kann Spaghetti ungenießbar machen.

Dass meine Mutter mich allein kochen ließ, war pure Notwendigkeit. Wenn ich heute mit meinem siebenjährigen Sohn Lukas koche, muss ich mich zwingen, ihn gelegentlich am Herd allein zu lassen. Er hat zwar kein Problem, ein kreatives Omelett anzurühren, aber beim Braten wäre ich schon lieber dabei. Andererseits: Sobald er merkt, dass ich auf die Pfanne aufpasse, lässt seine Konzentration nach. Wenn Kinder kochen lernen, lernen die Eltern mit: Die Kinder lernen, sich beim Kochen nicht zu versengen, zu verbrühen oder zu schneiden. Vater oder Mutter lernen, währenddessen entspannt die Zeitung zu lesen.

Da man die Spaghetti nur ein- bis zweimal umrühren muss, gilt die Aufmerksamkeit wieder der Sauce. Wer sie vom Feuer hat, stellt sie jetzt wieder zurück. Sie will abgeschmeckt werden. Salz, Pfeffer, Rotwein, Zitrone könnten Zutaten sein, die ihr gut tun. Der Maurer meinte auch, ein halber oder ganzer Brühwürfel könnte helfen, einen richtig kräftigen Sugo hinzukriegen. Die Sauce auf kleiner Flamme weiterköcheln lassen.

Den Durchschlag (so heißt dieses Sieb, mit dem die Spaghetti abgegossen werden) schon mal in die Spüle stellen, denn bald kommt der spannende Augenblick. Es gibt Leute, die haben Fliesen in der Küche und werfen eine Nudel an die Wand. Erst wenn sie kleben bleibt, halten sie sie für gar. Ich bevorzuge einfaches Probieren. Spätestens wenn die auf der Packung angegebene Kochzeit abgelaufen ist, sollte man sich eine Nudel fischen und probieren. Meistens ist dann noch eine halbe bis eine Minute Zeit, aber zwischendurch empfiehlt es sich, immer wieder zu probieren. Dann entschlossen den Topf vom Herd nehmen und das Nudelwasser abgießen. Den Durchschlag ein paarmal kräftig schütteln, sodass es ordentlich dampft, und die Spaghetti sind fertig.

Die Sauce darüber, eventuell noch frisch gehacktes Basilikum, und natürlich Parmesan drüber reiben – echten Parmesan, keinen Grana, darauf legt in Italien sogar der Maurer wert.

Um 1965: HILKE AUF DER INSEL
Das Geheimnis des Fasans

In meiner Kindheit gab es wenigstens zweimal pro Woche Fasan, anderes Fleisch kannten wir überhaupt nicht. Auch Würstchen waren offenbar aus Fasan gemacht, Fondue enthielt mehrere Sorten Fasanenfleisch und auf meinen Schulbroten befand sich Teewurst aus Fasanenbrust. Wenn meine Eltern im Mai Spargel aßen, den ich hasste, lag dazu eine Scheibe Fasanenschinken auf ihren Tellern. Ich weiß nicht, ob ich ein besonders dummes Kind war. Jedenfalls ist es mir niemals auch nur im Entferntesten komisch vorgekommen, dass ein relativ harmloses und in etwa huhngroßes Geschöpf wie ein Fasan an seinem Körper eine Stelle haben sollte, an dem dermaßen große Fleischstücke wachsen.

Auf der Insel, auf der ich aufgewachsen bin, gab es nur normalgroße Fasane, aber es gab sie in Massen. Sie waren eine Art Luft- und Dünenplage, vielleicht wie die Tauben in den Großstädten oder wie Ratten. Frühmorgens hockten sie auf der Teppichstange hinter dem Haus und krähten wie abgestochen. Manchmal klopften auch unsere Feriengäste verschreckt an die Schlafzimmertür meiner Eltern, um zu sagen, dass draußen eine alte Frau um Hilfe schrie. Das war dann der Fasan bei seinem üblichen Morgengeschrei. Mich störte das zwar nicht. Aber mir war es auch egal, ob jemand auf die Fasane schoss. Alle anderen Tiere hingegen liebte ich.

Zwei Inseln weiter, bei meiner Oma auf Baltrum, hielten wir Kaninchen hinter dem Haus. Ich war der Ansicht, dass diese Tiere ausschließlich meinetwegen gehalten wurden,

wie sich überhaupt alles nur um mich drehte. Ich pflückte sehr gern Löwenzahn und Sauerampfer für die Kaninchen und ich gab ihnen auch Namen.

Einige von ihnen, wie zum Beispiel Murmelchen, waren nach kurzer Zeit so rund und behäbig, dass man sie auch aus dem Stall herausnehmen konnte. Murmelchen zappelte kaum und blieb auf der Wiese sitzen, während ich ihn kämmte oder er mit einer goldenen Krone zwischen seinen Ohren den König in Dornröschen darstellen musste.

Trotzdem war Murmelchen, wie auch sein Nachfolger Konrad und wie all die anderen Mimis, Hoppelchen, Lolas, Schnuffis und Puschis, eine doppelbödige Natur. Denn egal, wie nett man zu ihnen war – irgendwann verschwanden sie auf Nimmerwiedersehen.

Am doppelbödigsten aber war Wilhelm Fell, das fetteste, größte und auch felligste Kaninchen, das wir je hatten. Aus den Haaren, die ich ihm jeden Tag auskämmte, ohne dass er davon irgendwie schütterer ausgesehen hätte, konnte ich Cocktailkissen für meine Barbiepuppe füllen. Jeden Tag eines, das ich aus zwei Sechzehntel Taschentuch nähte.

Mit Wilhelm Fell hatte ich mir den ganzen Sommer lang die größte Mühe gegeben, ihn gefüttert, gekämmt und in meinem Bollerwagen herumgezogen. Aber am Donnerstag vor dem ersten Advent verschwand er einfach. Er brach in der Nacht aus seinem hoch gesicherten Käfig aus und ließ sich nie wieder bei uns sehen. Drei Tage später war ich immer noch so traurig, dass ich kaum etwas von dem Fasan herunterbekam, den es zum ersten Advent gab. Wir waren eine riesige Truppe bei Tisch, wie meistens, aber auch von meinen älteren Cousinen und den vielen Tanten wusste kein Schwein, wie Wilhelm Fell das Kunststück nur fertig gebracht haben mochte, einfach auszukneifen. Schließlich war das Schloss an seinem Käfig aus sooo dickem Metall gewesen.

Mein Vater schließlich löste das Rätsel: Er suchte lange im Stall und in der Werkstatt herum, und dann fand er das Indiz, wie er mir erklärte. Es war ein Teil des Schlosses. Aufgesägt! Und die Säge hatte direkt daneben gelegen. Das war der Beweis. Ich war sehr empört, dass Wilhelm so etwas hatte tun können. Kaninchen hätte ich natürlich trotzdem niemals gegessen.

Immerhin gab es danach eine Art Wende unter den Kaninchen. Nicht, dass sie nicht mehr verschwunden wären. Sie sägten nach wie vor an ihren Schlössern herum, und wenn ich die Sägen alle versteckt hatte, hackten sie mit dem Beil Löcher in die Stallböden, nestelten den Draht von den Türen ab oder – in mehreren Fällen verbürgt – zauberten sich in die Freiheit. Aber immerhin hinterließen sie nun kurze Abschiedsnotizen. Cordula, die Erste, die damit anfing, legte einfach das Wort „Ade“ aus Kötteln auf die grauen Steine vor ihrem Käfig. Das Wort kannte ich eigentlich nicht, wir sagten „Tschüs“ oder „Auf Wiedersehen“. Meine Oma sah mich mit einem seltsamen Ausdruck an und meinte, für so einen langen Abschiedsgruß hätten die Köttel während der eiligen Flucht vermutlich nicht gereicht.

Ich hörte schon frühmorgens, wie Cordulas Käfigtür im Wind auf und zu schlug. Mein Onkel, der gerade zwei Fasane geschlachtet hatte – das sah ich an der Zahl der Beine – hatte natürlich auch wieder nichts gesehen oder gehört.

Spätere Kaninchen waren dann etwas ausführlicher. Auf ihren – getippten – Briefen erklärten sie mir, wohin sie zu reisen wünschten, meistens China, genau wie mein Opa, der ein Seemann gewesen war. Manche von ihnen – wie Rosalinde – hinterließen auch kleine Abschiedsgeschenke für mich, eine schöne neue Murmel, ein Stückchen Bernstein oder eine Blumenknolle für mein Gärtchen.

Ein einziges dickes Kaninchen namens Kaiser hinterließ sogar eine Schatzkarte. In der kleinen Kiste, die ich aus dem Rosenbeet ausgrub, war ein neues rotes Portemonnaie in Herzform. Am gleichen Tag verkündete meine Oma, dass wir nun keine Kaninchen mehr halten wollten. Die Zeit der Kaninchen sei vorbei. Und noch etwas würde sich ändern. Wir wollten in Zukunft nicht mehr so viel Fasan essen, auch mal Huhn, Pute, Gans, Rind und Schwein, das sei auch sehr lecker.

Es vergingen mehr als zwanzig Jahre, in denen ich heranwuchs, eine eigene Familie gründete und anderes zu tun hatte, als über Fasanenfleisch und entwischte Kaninchen nachzudenken. Bis zu einem schicksalhaften Nachmittag. Da entwischte Klaus Wasser durch die Terrassentür, das Kaninchen, das mein damals dreijähriger Sohn in unserer Wohnung hielt. Klaus Wasser war ein eher kleines, zartes Tier, und ich bin mir fast sicher, dass Nachbars Katze ihn geholt hat.

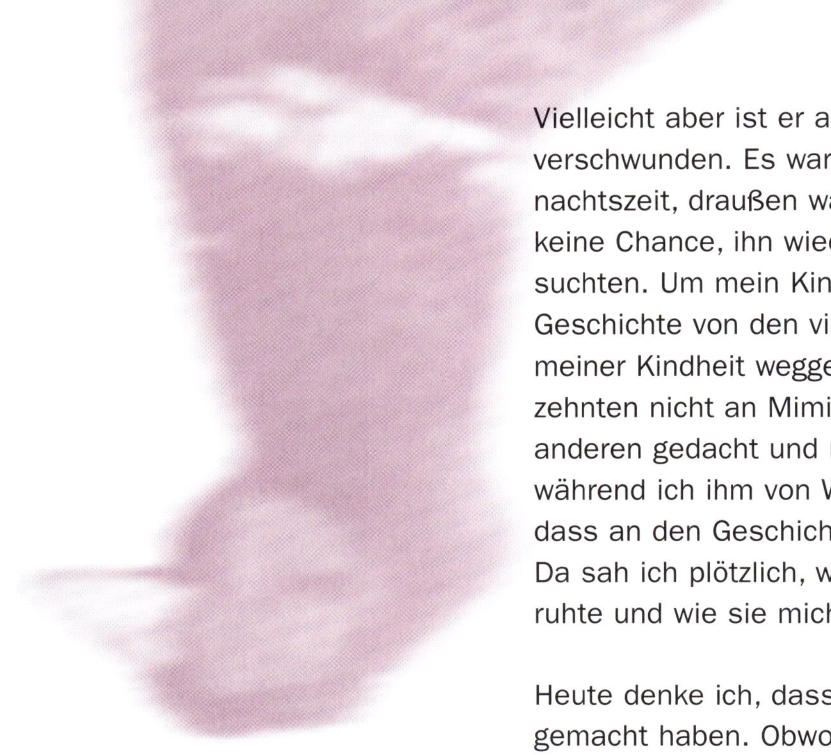

Vielleicht aber ist er auch in den gegenüberliegenden Park verschwunden. Es war ein Nachmittag in der Vorweihnachtszeit, draußen war es stockduster, und wir hatten keine Chance, ihn wiederzufinden, so lange wir auch suchten. Um mein Kind zu trösten, erzählte ich ihm die Geschichte von den vielen Kaninchen, die mir selbst in meiner Kindheit weggelaufen waren. Ich hatte seit Jahrzehnten nicht an Mimi und Cordula und Kaiser und all die anderen gedacht und mir fielen immer weitere ein. Doch während ich ihm von Wilhelm Fell erzählte, spürte ich, dass an den Geschichten irgendetwas nicht stimmte. Da sah ich plötzlich, wie der Blick meiner Mutter auf mir ruhte und wie sie mich anlächelte.

Heute denke ich, dass meine Eltern ihren Job sehr gut gemacht haben. Obwohl wir in meiner Kindheit offenbar so wenig Geld hatten, dass auch mal ein Kaninchen dran glauben musste, bin ich doch ohne Mangelerscheinungen aus dieser Entwicklungsphase hervorgegangen. Für meine eigenen Kinder allerdings habe ich das Modell leicht abgewandelt. Auslöser dafür war ein Besuch auf dem Bauernhof, wo überaus niedliche Putenküken herumspazierten. Puten? Essen wir die nicht auch immer?

Ich habe das Problem sprachlich gelöst und das Putenschnitzel frühzeitig in „Schnutenpitzel“ umbenannt, ein unverfänglicher Begriff. Jahrelang reagierte sogar unser Fleischer auf die Bestellung „500 Gramm Schnutenpitzel, bitte“. Dann hielt er hoch, was er anzubieten hatte, und ich nickte heftig, wenn es das Richtige war. Jahrelang haben wir Schnutenpitzel vom Rind, vom Schwein, vom Kalb und auch von der Pute gegessen, bis wir die Krone der Sprachschöpfung erreicht hatten: Schnutenpitzel vom Fasan. Meine Kinder nämlich haben sich mit Theo ange-

Schnutenpitzel

freundet, dem Fasan, der auf Juist immer meine Tulpenzwiebeln ausgräbt und Nachbars Teppichstange zu seinem Schlafbaum auserkoren hat. Er ist quasi einer unserer engsten Juister Bekannten. (Manchmal träume ich davon, ihn in einer leichten Cognac-Sahne-Sauce zuzubereiten.)

Kinder soll man natürlich nicht anlügen. Aber das ist noch lange kein Grund, ihnen grausame Einzelheiten über den Vorgang des Schlachtens darzubieten. Deswegen raten wir zu einer leichten Schnutenverpitzelung der Küchensprache, dann nämlich, wenn die Wahrheit für kleine Kinder schwer verdaulich ist.

Wenn der kleine Junge hingegen ins Forscheralter kommt, kann man damit anfangen, ihm am Beispel eines Huhns oder besser noch anhand der optisch etwas ansprechenderen, weil dickeren Poularde zu zeigen, wie interessant so ein Tier eigentlich ist. Zum Beispiel enthält es am Hals den Wunschknochen. Der gebogene kleine Knochen sitzt ungefähr an der Stelle, wo ein Mann seine Krawatte trägt. Beim Huhn kann man ihn einfach herauslösen. Wer beim Brechen das größere Stück erwischt, darf sich was wünschen. Einzelkinder nageln (oder kleben) ihn sich über die Zimmertür, das fortan nur noch von guten Menschen betreten wird, was man ja bei einem Kinderzimmer ohnehin hoffen sollte. Gut sieht der Wunschknochen auch aus, wenn er gesäubert und golden lackiert wird.

Und wenn Ihre Kinder später aus wohl erwogenen Gründen Vegetarier werden? Dann ist das in Ordnung und ihre Sache. Sie sollten nur schon wirklich wissen, was sie und warum sie es tun.

Das Geheimnis der Hühnersuppe

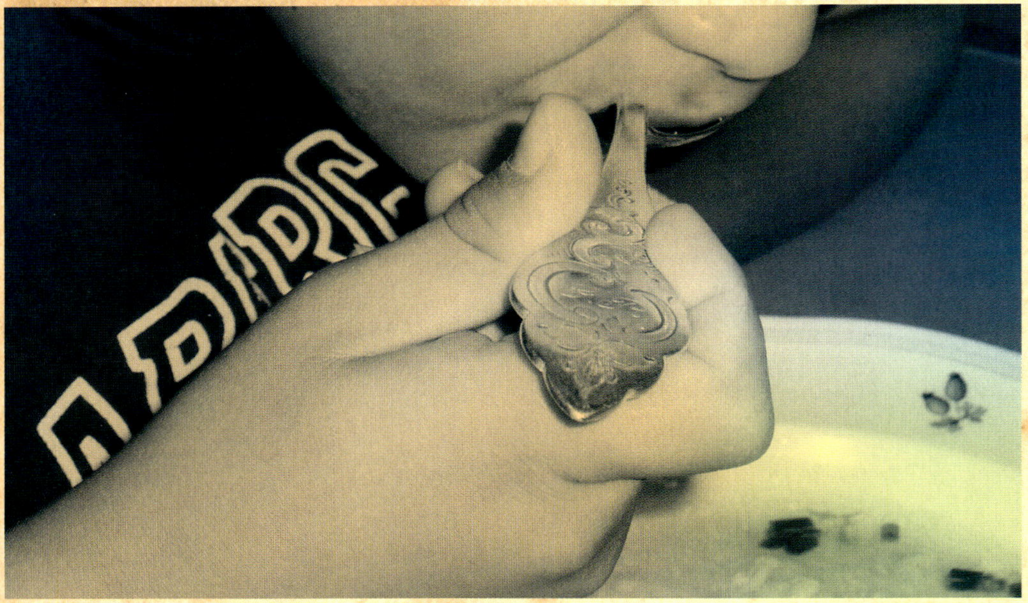

Ein Vogel für alle Fälle

Hühnersuppe wurde zu allen Zeiten als Heilmittel zur Kräftigung eingesetzt. Im alten China kamen vorwiegend Wöchnerinnen in den Genuss einer Hühnersuppe, der man Ingwer und Galgant beigab. In Israel und in Amerika ist es üblich, kranken Freunden einen Topf frisch gekochter Hühnersuppe nach Hause zu bringen. Und in Griechenland kocht man die Hühnersuppe mit Avgolemono, einer Zitronen-Ei-Sauce, gleich für die ganze Familie, damit niemand sich ansteckt.

Dass Hühnersuppe aber wirklich gegen Erkältungen und andere Zipperlein wirkt, haben Forscher vom Nebraska Medical Center erst vor wenigen Jahren bewiesen. Untersucht wurde dabei eine Suppe, die nach dem Rezept der Großmutter der Ehefrau eines der Forscher bereitet wurde. Und siehe da: Die heilsame Wirkung der Hühnersuppe wurde zweifelsfrei bewiesen. Je nach Anteil des Geflügelfleisches und der begleitenden Gemüse hemmen Inhaltsstoffe in der Hühnersuppe die Aktivität der neutrophilen Granulozyten, bestimmter weißer Blutkörperchen, die daran gehindert werden, Entzündungen der Atemwege auszulösen. Weil Hühnersuppe ja nur heiß schmeckt, wirkt sie bei Erkältungen schleimlösend. Zudem haben Zutaten wie Liebstöckel, Ingwer, Knoblauch und Zwiebeln eine antibakterielle Wirkung.

Allerdings haben Forscher festgestellt, dass ein Teil der heilsamen Wirkung von frisch gekochter Hühnersuppe auch auf das Konto von TCL geht. TCL ist ein besonders wertvoller und nicht überall verfügbarer Inhaltstoff. TCL ist die Abkürzung von „tender loving care", sanfter, liebevoller Fürsorge, deren Auswirkungen die Psychosomatiker unter den Forschern tatsächlich sehr hoch einschätzen.

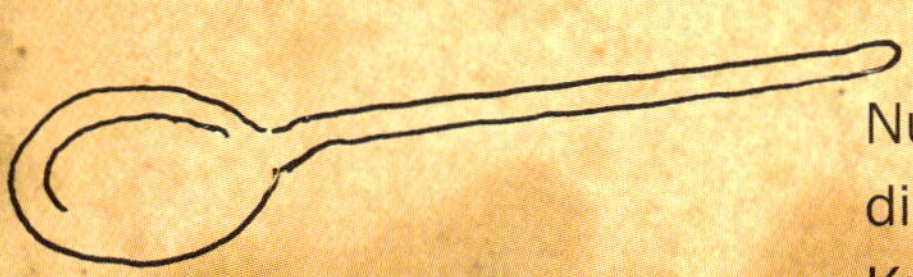

Nun könnte man ja leicht eine Art Kraftsuppe herstellen, die alle bekannten antibakteriell wirksamen Gemüse, Kräuter und Gewürze enthielte und zudem noch reichlich Huhn. Doch leider funktioniert die Sache nicht. Denn viele Erkältungskranke leiden unter Appetitlosigkeit, haben Schluckbeschwerden oder ein reduziertes Geschmacksempfinden. Keine guten Voraussetzungen, um einen kräftigen Eintopf zu sich zu nehmen, dessen Inhaltstoffe die Vitaminversorgung für Wochen garantieren.

Eine wirksame Hühnersuppe muss deswegen vor allem eines sein: leicht. Leicht zu schlucken und leicht zu vertragen. Denn der Kranke braucht seine Kräfte zum Gesundwerden und sollte sie nicht an anstrengende Verdauungsarbeiten verschwenden.

Der Witz bei der Hühnersuppe ist leider das Huhn, das komplette Tier. Aus Hühnerbrüstchen kann man zwar schneller und leichter und mit weniger Geschmiere in der Küche eine ebenfalls gute Hühnersuppe herstellen. Die Wirksamkeit hingegen dürfte zumindest bei empfindlichen kleinen Jungen nicht die gleiche sein. Denn TCL bedingt auch, dass man sich durchaus ein bisschen Arbeit macht. Zudem fehlen den Hühnerbrustfiletchen das gute Hühnerfett und die knurpselige Karkasse, in der viel guter Geschmack steckt. Fett und Karkasse kommen gleichwohl nicht beim Erkälteten an. Sie werden vorher abgefiltert bzw. abgelöst und entsorgt. Weil das Ganze wirklich nicht ohne ausführliche Küchenleistung funktioniert, empfehlen wir die griechische Methode: gleich einen großen Topf voll für alle kochen.

Wer sparen muss, kann für die Hühnersuppe eines der Wesen verwenden, die unter dem Begriff Suppenhuhn angeboten werden, frisch natürlich, nicht gefroren. Allen anderen sei empfohlen, eine dicke fette Poularde zu kaufen. So eine Poularde ist eigentlich auch nur ein Huhn, aber eines, das im bratfertigen Zustand mehr als 1200 Gramm wiegt.

Gut wäre, wenn die Poularde aus Freilandhaltung stammte. Die anderen, die aus der Käfighaltung, werden in nur sechs Wochen auf ihr kapitales Gewicht hochgezüchtet. Ihre langsamer wachsenden Knochen könnten ihr gewaltiges Gewicht deswegen gar nicht tragen: wenn sie genug Platz hätten, sich zu bewegen, würden sie unter der Last ihres eigenen Fleisches zusammenbrechen. Das ist nicht schön. Und in Bezug auf eine Hühnersuppe für einen niesenden, hustenden, vielleicht sogar fiebernden Jungen hat so ein mürbes Knochengerüst möglicherweise ungute Folgen. Dann nämlich, wenn das kochende und vielleicht etwas gestresste Elternteil es nicht geschafft hat, Fleischstückchen und morsche Hühnerknochen sauber zu trennen. Es könnten dann Knochensplitterchen in der Suppe verbleiben.

Das ideale Huhn, frisch geschlachtet vom Geflügelmann auf dem Wochenmarkt oder frisch in die Auslage gelegt vom vertrauenswürdigen Fleischer, sollte allerdings auch nicht zu grandios sein. Um in einem haushaltsüblichen Topf auf einem haushaltsüblichen Kochfeld das richtige Verhältnis zwischen Huhn, Wasser und Gemüsezutaten

sicherzustellen, ist ein Huhn empfehlenswert, das unter zwei Kilo wiegt, dazu passt ein schöner großer 5-Litertopf. Beim Kaufen darauf achten, dass die Haut des Huhnes unverletzt ist. Falls nicht, ist sie vermutlich beim maschinellen Rupfen gerissen. Ein Hinweis auf das fortgeschrittene Alter des Tieres.

Beim Kochen von Hühnersuppe stellt sich ein kleines Problem. Die Brühe, die man gewinnt, wenn man das Tier einfach so im Wasser kocht, ist nämlich schaumig und trüb. Das liegt zum einen an dem Eiweiß, das bekanntlich bei 70 Grad gerinnt und sich als eine Art Meerschaum der Küche auf der Suppenoberfläche absetzt. Zum anderen könnte es aber auch an Stoffen liegen, mit denen das Tier zwischen dem Rupfen und der Ankunft in der Küche in Berührung gekommen ist. Der niesende und hustende Junge soll diese Abfallprodukte nicht aufnehmen. Deswegen muss das Huhn vorgebrüht werden. Wie das geht, steht im nachfolgenden Rezept.

Danach muss man eine Grundsatzentscheidung treffen. Entweder man salzt das Kochwasser kräftig und bringt es vor dem Einsetzen des Huhnes zum Kochen, dann bleibt das Huhn gehaltvoller und kann später auch noch die Suppe veredeln. Vielleicht möchte man aber auch nur eine gute gehaltvolle Brühe kochen und legt keinen großen Wert auf das Fleisch. Oder man glaubt, dass der Junge es ohnehin herausfieseln würde. In diesem Fall sollte man das Huhn kalt aufsetzen und das Wasser nicht salzen. Dann nämlich gibt das Huhn all seine guten Geschmacks- und Inhaltsstoffe an das Kochwasser ab.

DAS SALZ IN DER SUPPE

Der beste Zeitpunkt, um das Essen zu salzen, ist immer bei Tisch. Das gilt auch für eine Suppe. Trotzdem salzen Köche manchmal das Kochwasser bereits, bevor sie das Kochgut hineingeben. Manchmal aber tun sie genau das nicht und kochen etwas in ungesalzenem Wasser.

Der Grund dafür liegt in einem physikalischen Phänomen: Lösungen haben die Neigung, sich in ihrer Konzentration auszugleichen. Das nennt man Osmose. Wenn man Kochwasser mit etwas Salz versetzt, stellt man dadurch eine so genannte isotonische Lösung her. In so einer Lösung kann man Gemüse sehr gut kochen. Es bleibt dann sehr geschmackvoll, weil kaum ein Austausch zwischen den Gemüsezellen (die auch einen kleinen Anteil osmotisch wirksamer Salze haben) und dem Kochwasser geschieht. Damit sich die „Poren" des Gemüses schnell schließen und überhaupt jeglicher Austausch verhindert wird, gibt man das Kochgut am besten in sprudelnd kochendes Salzwasser. Ganz anders aber, wenn man absichtlich eine gute, gehaltvolle Brühe kochen will und einem das Huhn oder das Gemüse eigentlich egal sind, wenn man das Kochgut also extra auslaugen will. Dann sollte man das Ganze kalt aufsetzen und das Wasser nicht salzen. So findet viel Osmose statt. Man kann aber auch eine Kombination der beiden Zubereitungsmöglichkeiten wählen.

Wichtig ist in jedem Fall, dass die Hühnersuppe salzig genug ist. Wer selbst erkältet ist, sollte das Abschmecken lieber einem anderen Familienmitglied überlassen. Denn Erkältete und auch Verliebte haben eine reduzierte Fähigkeit, Salz zu schmecken. Auf gesunde und nicht verliebte Menschen wirken ihre Kochergebnisse leicht versalzen.

BRUSTWICKEL

Beim Kochen der Hühnersuppe wird Fett übrig bleiben. Früher hatte man dafür eine Verwendung, die auch heute noch einen gewissen Charme hat, dann nämlich, wenn man dem kranken Jungen davon erzählt und ihm währenddessen einen Brustwickel mit modernen Mitteln macht: Bei Erkältungen und Husten bekamen die Kinder früher einen heilsamen Brustwickel mit Hühner- oder Gänsefett verpasst, das „zog" die Erkältung aus dem Oberkörper heraus. Dem Fett wurden oft noch Kräuter wie Thymian beigegeben oder auch Zwiebeln und Knoblauch, deren Inhaltsstoff Allicin eine antibiotische Wirkung hat.

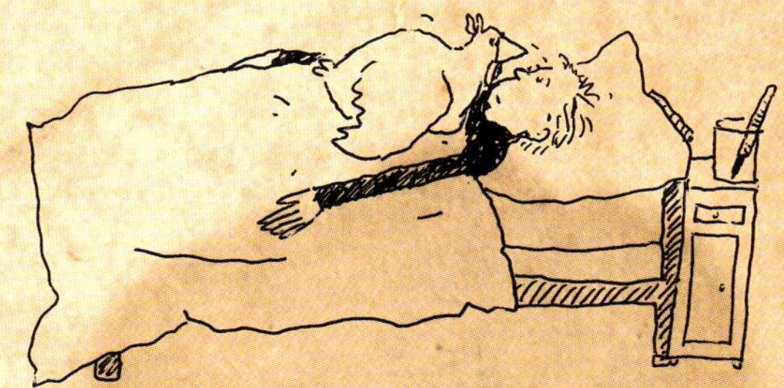

Ultimative Hühnersuppe

ZUTATEN

1 dickes Huhn
1 großes oder 2 kleine Suppenbunde
1 TL Salz
200 Gramm kleine Muschelnudeln oder Buchstabennudeln

ZUBEREITUNG

- Huhn innen und außen waschen und von den fiesesten Fettstückchen an Hals und Bürzel befreien. In einen Durchschlag geben und mit einem Kessel kochenden Wassers abbrühen, danach kurz kalt abbrausen.
- 2 Liter Wasser mit dem Salz aufsetzen und das Huhn brustaufwärts in den Topf gleiten lassen. Einmal kurz aufkochen lassen und den Schaum (der sich jetzt nur noch in kleinsten Flöckchen bildet) abschöpfen. Temperatur etwas zurückschalten und das Huhn auf kleiner Hitze und mit aufgelegtem Topfdeckel langsam garen lassen.
- Nach ½ Stunde das Huhn mit einer Fleischgabel fixieren, damit es nicht herumrollt wie ein Kullerpfirsich, und mit einem scharfen Messer die beiden Brusthälften heraustrennen. Deckel wieder auflegen.
- Das Brustfleisch in Würfelchen schneiden und zugedeckt auf das Ende des Kochvorgangs warten lassen.
- Unterdessen die beiden Suppenbunde putzen und die Gemüse klein schneiden. Gemüse nach 1½ Stunden Kochzeit zugeben und mitkochen lassen. Es soll zwar all seinen Geschmack an die Brühe abgeben, darf aber nicht matschig werden und sie trübe machen.
- Nach wieder 1½ Stunden das Huhn vorsichtig herausheben und abtropfen lassen. Die Brühe durch einen feinen Durchschlag in einen frischen Topf umfüllen und komplett auskühlen lassen.

Unterdessen ***DIE SUPPENEINLAGE*** vorkochen: kleine Nudeln schmecken kranken Jungen meist am besten, 150 Gramm sind genug.

- Sobald die Brühe komplett ausgekühlt ist, kann man das Fett leicht abschöpfen, das an der Oberfläche erstarrt ist.
- Danach die Suppe wieder erwärmen, abschmecken und die Hühnerwürfelchen und die gekochten Nudeln hineingeben.

Ganz zum Schluss wird die Hühnersuppe noch einmal abgeschmeckt: mit Salz und weißem Pfeffer, mit einem Hauch von heller Sojasauce, einem Schuss Tabasco, einem

Tropfen Worcestercauce, einem Löffelchen Zitronensaft oder einem Spritzer Maggi. Manch einem schmeckt die Suppe auch besonders gut, wenn ein Fingerhütchen Sherry sie parfümiert. Aber niemals alle Gewürze auf einmal verwenden.

Das Huhn oder das, was von ihm noch übrig ist, kann man etwas auskühlen lassen und – mit nicht von der Erkältung befallenen Kindern – absuchen, während die Brühe erkaltet. Vor allem, wenn man die schwabbelige Haut dezent entsorgt hat, ist das Huhn jetzt ein interessanter Mittelpunkt eines kleinen Essens, dessen Fleisch man ohne jegliche Mühe einfach so von den Knochen abzupfen kann. Ob in diesem Fleisch noch besonders viele Nährstoffe enthalten sind oder ob es völlig ausgelaugt ist, wissen wir nicht. Wohl aber, dass man damit noch einen netten und gesunden Imbiss bestreiten kann.

Das Huhn wird dazu auf eine große Platte gelegt. Rundherum kommen eine oder mehrere Saucen. Den Jungen wird gefallen, dass man dieses Essen völlig ohne Besteck zu sich nimmt und sich auch sonst sehr rustikal verhält. Kleinere Kinder sollte man bei diesem Essen bewachen, damit sie keine Knöchelchen mit herunterschlucken – groß ist die Wahrscheinlichkeit bei diesem Zustand des Huhnes allerdings nicht, da ihm das Fleisch von den Knochen fällt. Fleischstückchen abzupfen und in eine (oder mehrere) dieser **SAUCEN** eintunken:

ÖLBAD

2 EL Olivenöl und 2 EL Butter gemeinsam erhitzen, mit ¼ TL Salz, einer durchgedrückten Knoblauchzehe und etwas Pfeffer verrühren.

SANDBAD

50 g fein geriebene Pekannüsse, oder ein Mehl aus Cashewnüssen oder Mandeln ohne Fett in einer Pfanne kurz anrösten.

SCHLAMMBAD

50 g Bitterschokolade (!) schmelzen und mit 2 EL Orangensaft glatt rühren, eventuell etwas pfeffern. Falls die Jungen schon größer sind, kann man der geschmolzenen Bitterschokolade auch 1 TL eingelegter rosa Pfefferkörner oder etwas Chilipulver hinzufügen oder das Ganze gleich selber essen.

GRUSELBAD

1 kleine Dose grüne Erbsen und ein paar Blättchen Basilikum mit 1 EL Butter in der Moulinette pürieren, leicht salzen. Die Konsistenz des Gruselbades sollte saucenähnlich sein. Eventuell mit 1 EL Brühe etwas verflüssigen.

Hilfe – mein Kind isst anders!

6

Über Dickerchen und magere Heringe, Suppenkasper, Erbsenzähler und Zappelphilipps

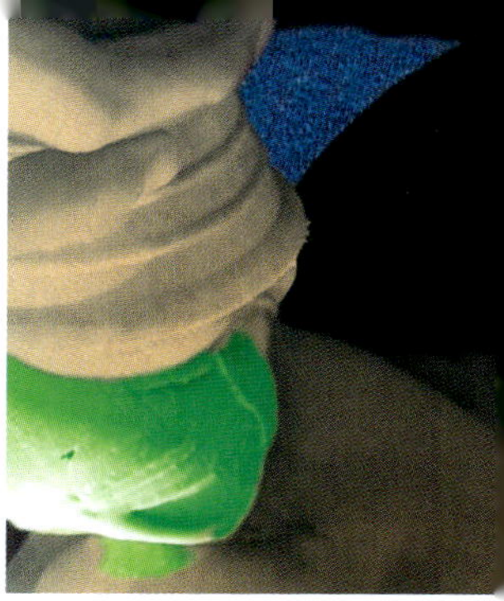

Weltweit sind über eine Milliarde Menschen übergewichtig, eine weitere Milliarde hungert. Dicke Kinder, das weiß man heute, werden später fast immer zu dicken Erwachsenen, die Kreislauferkrankungen haben, deren Gelenke frühzeitig verschleißen und die sogar ein höheres Risiko haben, an Krebs zu erkranken. Denn das Ernährungsverhalten wird wesentlich in den ersten zehn Lebensjahren geprägt. Danach ist es nicht leicht, es wieder umzustellen. Durchschnittlich sind acht Prozent der Kinder in Deutschland zu dick, in den Großstädten sollen es sogar zwanzig Prozent sein, Tendenz steigend.

Die Gründe für den Gewichtsanstieg von Kindern sind alle genau untersucht: Sie liegen natürlich in der Hinwendung zu industriell gefertigten Nahrungsmitteln, die zu süß sind oder zu viel Fett enthalten, andererseits aber zu wenig Nähr- und Vitalstoffe transportieren. Doch gerade diese modernen Lebensmittel haben eine große Anziehungskraft auf Kinder. Die Werbung suggeriert ihnen, dass man cool ist, wenn man bestimmte Lebensmittel konsumiert. Zucker und Fett versprechen schnelle Befriedigung von Essgelüsten. Manche besonders leicht daherkommende Schokoriegelchen kriegt man sogar noch herunter, wenn man eigentlich gar keinen Hunger hat.

DA GLOTZT DU ABER!

In der deutschen Lebensmittelwerbung im Fernsehen kommen bei den Produkten, die Kinder ansprechen sollen, fast ausschließlich kleine Jungen vor; nur selten gibt es gemischte Kindergruppen, Mädchen allein fast nie.

Ein Grund soll darin liegen, dass Jungen sich ausschließlich von männlichen Leitfiguren ansprechen lassen. Zudem gelten Jungen als leichtgläubiger, unerfahrener und konsumorientierter. In Schweden ist Lebensmittelwerbung, die sich direkt an Kinder wendet, generell verboten. Die Europäische Union tut sich schwer, diesem Beispiel zu folgen. Wirtschaftlobbyisten verhindern ähnliche Gesetze.

Die Gewichtsprobleme von Kindern hängen fast immer damit zusammen, dass Kinder sich zu wenig bewegen. Es gehört zu ihrem Lifestyle, mehrere Stunden am Tag vor dem Computer oder dem Fernseher zu verbringen. Da Übergewicht bei Kindern in so genannten sozial schwachen Familien viel häufiger auftritt als in gut situierten Familien, denken manche Leute, dass dieses mit dem Bildungsgrad zu tun hätte oder gar damit, dass in armen Familien die Kinder weniger liebevoll aufgezogen würden. Doch das ist voreingenommen und dumm.

Der wahre Grund scheint zu sein, dass Familien, die sich mit einem geringen Einkommen durchwurschteln müssen, auch meist in den schlechtesten Wohngegenden und in den Großstädten leben. Dort jedoch sind die Möglichkeiten für Kinder, sich zu bewegen, stark eingeschränkt: Es gibt nicht genug sichere Fahrradwege, zu wenige kindersichere Parks und Grünanlagen und viel zu wenig öffentliche Bolz- und Sportplätze, auf denen Jungen sich nachmittags austoben können, ohne dass es Geld kostet. Wegen der starken Verkehrsbelastung in den Großstädten konnten sich in Deutschland auch keine speziellen Formen der Straßenspiele herausbilden wie zum Beispiel in den USA. Dort sind Streetball-Spiele in den Großstädten seit langem Kult für Jungen. Das hat freilich nicht dazu geführt, dass in Amerika keine dicken Jungen mehr herumwackeln. Sie leben nur, anders als in Europa, hauptsächlich in der Provinz.

Bei uns ist die Möglichkeit, in der Natur oder zumindest auf einer nicht von Autos zugeparkten Freifläche herumzutoben, zu einem Luxusgut geworden, von dem die meisten Kinder nur träumen. Besser verdienende Eltern lösen das Problem leichter, indem sie die Kinder in (kostenpflichtige) Sportclubs und Turnvereine bringen oder ihnen gleich private Tennis- und Kampfsportstunden angedeihen lassen. Wer sich das nicht leisten kann, ist vielleicht froh, wenn die Jungen zumindest nicht draußen in mehr oder minder erlesener Gesellschaft herumhängen, sondern lediglich zu Hause vor dem Computer hocken.
So ist das Übergewicht von Jungen heute nicht nur ein ernährungsphysiologisches, sondern auch ein soziales und gesellschaftliches Problem, das man auch auf allen Ebenen lösen muss – und nicht nur in der heimischen Küche.

WAS TUN, WENN EIN KIND ZU DICK WIRD?

• SOFORT
Mediennutzung nur noch für maximal vier Stunden in der Woche erlauben.

• NOCH IN DIESER WOCHE
Die Aufnahme einfacher Kohlehydrate reduzieren: weniger Weißmehlbrot und Weißmehlnudeln, weniger geschälten Reis, weniger Zucker.
Außerdem die Aufnahme komplexer Kohlehydrate erhöhen: mehr Salat und Gemüse essen.

• NOCH IN DIESEM MONAT
Sport- und Bewegungsprogramm beginnen, gegebenenfalls mit den Jungen gemeinsam.

• NOCH IN DIESER JAHRESZEIT
Zusammen mit dem Kind anders kochen lernen und die Ernährung der kompletten Familie umstellen.

• WENN ES ALLEIN NICHT KLAPPT
Bundesweit gibt es in vielen Städten das sehr empfehlenswerte Programm „Moby Dick“, dessen Kosten sogar größtenteils von den Krankenkassen übernommen werden.

Informationen unter:
www.mobydicknetzwerk.de

WER WAR ES?

Eltern, die ein Kind mit einem Gewichtsproblem aufziehen, sollten sich unbedingt selbst fragen, welche Anteile aus ihrem eigenen Leben dafür verantwortlich sein könnten:

- *Haben Sie selbst ebenfalls ein Gewichtsproblem oder hatten Sie in Ihrer Kindheit eines?*
- *Wie stark kümmern Sie sich um Ihr eigenes Körpergewicht?*
- *Belohnen Sie Ihr Kind mit Schokolade und Süßigkeiten?*
- *Kochen Sie regelmäßig?*
- *Zeigen Sie Ihre Liebe vornehmlich, indem Sie für ausreichend Essen sorgen?*
- *Sind Sie selbst ein glücklicher Mensch?*
- *Treiben Sie regelmäßig Sport?*

Seltsam, aber wahr:
Wenn ein Kind ein Gewichtsproblem hat, hilft es oft, wenn die Hausfrau/der Hausmann eine Gesprächstherapie macht.

Wenn ein Kind hingegen Untergewicht hat oder schlecht gedeiht, ist das immer ein Grund, zuerst den Arzt aufzusuchen. Erst wenn eine Krankheit ausgeschlossen worden ist, kann man darangehen, das schwächelnde, blässliche Bübchen wieder aufzubauen. Die Methoden sind fast die gleichen wie diejenigen, die auch das Übergewicht abbauen sollen. Wer bleich und spiddelig ist (und ansonsten gesund), sollte nicht ganze Tage vor dem Computer verklickern. Er gehört an die frische Luft.

Auch bei untergewichtigen Kindern sollte man mit einem Sportprogramm beginnen. Dabei unbedingt darauf achten, eine Sportart zu finden, die dem Kind auch liegt. Manche Spiddelchen können mit Reitstunden umgestimmt werden, andere mögen lieber schwimmen gehen, eine Kampfsportart stärkt das Selbstbewusstsein, ein Mannschaftssport fördert die Lebenslust. Immer sollte man daran denken,

KLEINE FLUCHTEN

Viele Kinder mit Gewichtsproblemen profitieren auch von einem kleinen Ortswechsel – und möglicherweise von einem Personalwechsel. Wer den ganzen Tag lang mit Mama zu Hause hockt, den sollte man zum Beispiel auf eine Wochenendwanderung mit dem Vater schicken. Wenn der Vater nicht greifbar ist, hat vielleicht ein anderer Erwachsener Lust auf eine Abenteuertour auf Schusters Rappen bzw. Sportschuhherstellers Schimmel.
So ein Wochenende muss nicht viel kosten und es hebt die Laune und das Selbstbewusstsein ganz enorm. Möglicherweise macht es auch Spaß, mehrere Väter und mehrere Söhne zu einer sportlichen und abenteuerlichen Männerwanderung zusammenzustellen.

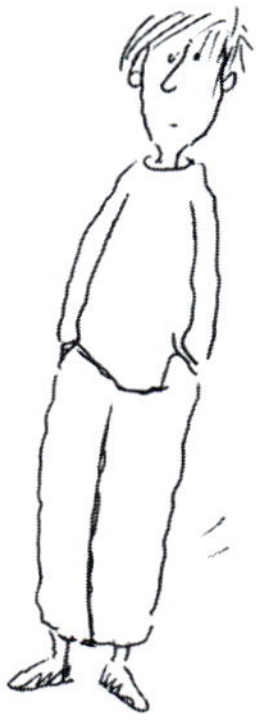

dass zu dicke und zu zarte Jungen selbst am meisten unter ihren Gewichtsproblemen leiden. Und dass sie niemals dafür verantwortlich sind.

Eine zu penible Beachtung des Körpergewichtes ist freilich ebenfalls gefährlich. Der Körperkult in den Industrienationen hat in den vergangenen Jahren dazu geführt, dass Krankheiten wie Anorexia nervosa (die schon zitierte Magersucht) nun auch bei Jungen zunehmend häufig vorkommen. Magersüchtige Jungen machen den Gewichtsverlust zu ihrem Lebensthema. Sie leben, um abzunehmen, und sie hungern sich dabei um ihre Gesundheit. Bis die Magersucht entdeckt wird, vergeht oft eine lange Zeit, denn dass auch Jungen daran erkranken können, wissen immer noch die wenigsten. Je länger die gefährliche Gewichtsabnahme und die damit verbundene Unterversorgung mit lebenswichtigen Mineralien und Vitaminen angehalten hat, desto größer sind die Folgeschäden an den Organen, desto schwieriger ist es, die Krankheit ganz wieder auszuheilen. Ein magersüchtiger Junge gehört umgehend in ärztliche Behandlung.

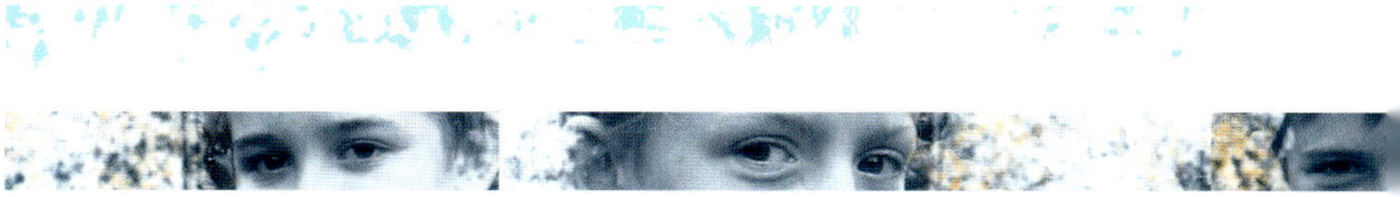

WARNZEICHEN – WIE MAN MAGERSUCHT BEI ELF- BIS SIEBZEHNJÄHRIGEN JUNGEN ERKENNT:

- *Der Junge beschreibt andere Menschen stets nach der Form ihrer Körper und nach ihrem Körpergewicht.*
- *Der Junge ist sportsüchtig, wobei es ihm um die Herausbildung des Körpers geht, nicht um den Spaß oder die Herausforderung.*
- *Der Junge lügt über sein Körpergewicht und macht sich schwerer, als er ist, obwohl er grammgenau sagen kann, wie viel er wirklich wiegt.*
- *Der Junge lügt regelmäßig über seine eigenen Essgewohnheiten – er behauptet zum Beispiel, dass er gerade ein großes Butterbrot gegessen hat, obwohl das nicht stimmt.*
- *Der Junge kultiviert seltsame Essrituale. Beispiel: Er bekommt einen Apfel nur herunter, wenn er in einer bestimmten Art geschält und angerichtet ist.*
- *Der Junge (in der Pubertät) hat kaum Interesse an Mädchen oder (falls er schwul ist) an Jungen.*
- *Der Junge hat ein geringes Selbstbewusstsein.*
- *Der Junge hat sehr dünnes Haar oder entwickelt Lanugo, einen flächendeckenden weichen Körperflaum.*
- *Der Junge hat Schwierigkeiten, seine Gefühle auszudrücken.*
- *Der Junge ist ein Kontrollfreak und Perfektionist.*
- *Der Junge ist oft müde.*
- *Der Junge ist einsam und lebt sehr isoliert.*

Im Essverhalten von Jungen und Mädchen gibt es große Unterschiede. Nach einer neueren amerikanischen Studie des Sodexho Research Institute essen Jungen – wenn man sie lässt – nur halb so viel Obst wie Mädchen, dafür aber dreimal so viel Fleisch und Brot. Dafür geben sie aber doppelt so viel Taschengeld aus, um sich etwas Nettes zu essen zu kaufen. Zu Hause brauchen sie zwanzig Prozent länger, um ihren Teller leer zu essen, vielleicht, weil sie sich zu viel Nettes gekauft haben und sich nun eigentlich bereits satt fühlen; dennoch nehmen sie bei ihrer Mahlzeit 40 Prozent mehr Kalorien auf als ein gleichaltriges Mädchen.

In Schulkantinen von Ganztagsschulen laden Jungen fast doppelt so viele Portionen auf ihre Teller wie Mädchen, auch bevorzugen sie Lebensmittel, die sehr appetitlich aussehen. Jungen von elf Jahren haben bereits einen Kalorienbedarf, der zwanzig Prozent über dem von gleichaltrigen Mädchen liegt. Und: Im Gegensatz zu früheren Zeiten steigt der Anteil der Jungen, die gerne kochen, rasant an.

Diese Lust vieler Jungen an der Kochkunst sollte man unbedingt fördern. Über diesen Umweg wird auch gesundes Essverhalten gefördert. Das eigenständige Kochen macht vielen Jungen großen Spaß, besonders wenn sie gänzlich unbehelligt in der Küche wirken dürfen. (Die Hausfrau bekommt beim Jüngsten Gericht eine ehrenhafte Erwähnung für Nervenstärke während der Kinderaufzucht.)

Nach dem Kochen sollte die ganze Familie das zubereitete Mahl gemeinsam essen und unbedingt viel Gutes an ihm finden. Denn schließlich ist der Junge zu Recht stolz auf sein Werk. In netten Familien übernehmen hinterher die Eltern das Aufräumen bzw. Renovieren der Küche, dafür mussten sie ja schließlich nicht kochen.

Eigenständig eine warme Mahlzeit zubereiten können schon Jungen mit etwa sieben Jahren. Ein kaltes Abendbrot dürfte auch von Fünf- oder Sechsjährigen auf den Tisch zu bringen sein; allerdings sollte man da die zu verwendenden Zutaten wie Brot, Butter, Tomaten und Käse am besten „mise en place“ bereitstellen, wie beim echten Küchenchef.

Richtig kochen – vom Aussuchen eines Rezeptes über den eigenständigen Einkauf und das eigentliche Kochen bis hin zum Anrichten und Servieren – können Jungen ab neun Jahren ohne weiteres allein. Ein bisschen Training vorausgesetzt. Ratschläge dazu geben wir im Kapitel ***SELBER KOCHEN IN 3 STUFEN.*** Hier bleiben wir erst noch beim Thema Gesundheit.

Über den Ratschlag, für Kinder doch einfach gesunde Vollwertnahrung zu kochen, können viele Mütter und Väter freilich nur bitter lachen. Und was ist, wenn das Bübchen seine gesunde Vollwertnahrung einfach nicht essen will? Oder wirklich nicht mag? Und wenn das Kind stärkere Nerven hat als der Erwachsene? Dann hilft nur Zauberei.

1. WAS TUN – MEIN KIND ISST ÜBERHAUPT GAR NICHTS!

Das Gefühl der Panik, wenn das Kind überhaupt nichts mehr zu essen scheint, ist vor allem bei Eltern von zwölf bis sechsunddreißig Monate alten Kindern verbreitet. Später im Leben stellen die meisten Kinder diese Nerven zerfetzende Angewohnheit zwar nicht ab, aber die Eltern gewöhnen sich bis dahin daran und wissen, dass ein Kind immer wieder Zeiten durchlebt, in denen es weniger isst. Andererseits scheint es auch immer wieder richtige Fressphasen zu geben. Früher glaubte man, dass die Hungerphasen einem Wachstumsschub vorausgehen. Wissenschaftlich geklärt ist das nicht, aber es tröstet.

Selbst wenn man weiß, dass bei einem ansonsten gesunden Kind keine Gefahr droht: Kleinkinder, die morgens nur ein winziges Häppchen Brot essen, mittags zwei Erbsen und abends auf dringliche Aufforderung einen Löffel Brei, sind trotzdem eine schwere Prüfung für Mutter und Vater – die ihren Fütterinstinkt dennoch im Zaum halten müssen. Hier hilft nur eines: Ruhe bewahren. Und nicht herummeckern. Und keine süßen Säfte oder gar Sodapops zum Trinken ausschenken, sondern Wasser und verdünnten Tee. Das Kind fastet nicht, um seine Eltern zu ärgern oder die Kochkunst der Hausfrau zu kritisieren. Es horcht auf seine innere Stimme. Und das ist gut so.

Entspannter ist das Leben mit einem kleinen Hungerkünstler allerdings, wenn man zumindest zeitweise auf eine Abendmilch zurückgreift, die Christoph „Murkimilch“ getauft hat. Die Söhne der beiden Autoren haben diese Milch auch bekommen, denn alle waren über Wochen immer auch Wenigesser. Bei der Murkimilch handelt es sich um ein Kraftgetränk, das vieles enthält, was gesund und nährend ist. Wer es abends trinkt, schläft (manchmal)

elternfreundlich bis zum Morgen durch und hat zudem bereits einen Teil der Grundversorgung getätigt. Um das Kind nicht völlig auf diese Ernährung umzustellen, sollte man die Murkimilch allerdings immer nur zeitweise verfüttern. Kleine Kinder können das köstliche Gesöff aus einer Flasche mit Kreuzschlitzsauger nuckeln, größere bekommen es mit einem dicken Strohhalm serviert.
Es schmeckt sowohl lauwarm als auch leicht gekühlt. Hinterher das Zähneputzen nicht vergessen, auch wenn es vorerst nur wenige Zähne sind. Murkimilch ist aber auch später noch ein gutes Stärkungsgetränk, wenn zum Beispiel die neue Zahnspange drückt oder wenn der Hals schmerzt.

CHRISTOPH UND DIE MURKIMILCH

Als ich die Kraftmilch zum ersten Mal probierte, war ich nach einem halben Glas pappsatt – Hilkes Söhnchen aber hatte am selben Morgen vier Fläschchen davon getrunken. Als mein Sohn Lukas anderthalb war, fragte ich Hilke nach dem Rezept. Lukas war nämlich ein ausgesprochen schlechter Esser. Nur beim Einschlafen und in der Nacht wollte er überhaupt essen. Also Murkimilch – prompt trank er allnächtlich drei, vier Fläschchen. Die Eltern waren froh und der Knabe offenbar auch. Damit er viele gute Nährstoffe zu sich nahm, gaben wir abwechselnd Weizenkeime, Edelhefe, Olivenöl und gelegentlich (da Zucker enthaltend) ein Löffelchen Ovomaltine hinzu.

Diese Art, seinen Nachwuchs aufzupäppeln, hat, zugegeben, auch Nachteile: Das Kind wird gern wach, um nachzutanken, isst tagsüber eher weniger (was bei Lukas ja aber das Ausgangsproblem war) und erlebt das Essen überhaupt als etwas eher Nebensächliches, weil es Hunger kaum kennt. Man muss da abwägen, aber für Lukas war es so richtig.

Übrigens fand er sich mit vier selbst zu alt für so eine Art Ernährung. Was geblieben ist, ist eine Flasche (normale) Milch am Bett, aus der er aber nur wenige Schlucke trinkt, und eine Vorliebe für warme Milch mit Honig zum Frühstück. Und natürlich ist die Flasche jetzt eine Trinkflasche, wie Sportler und Bergsteiger sie benutzen.

Murkimilch

ZUTATEN *(ab 12 Monaten)*

1 EL Schmelzflocken oder Haferflocken
125 ml Wasser
½ Banane
1 TL Mandelmus

ZUBEREITUNG

- Die Haferflocken mit dem Wasser aufsetzen und unter Rühren zum Kochen bringen. Einmal aufkochen lassen. Deckel drauf. Neben dem Herd ganz auskühlen lassen.
- Den Haferflockenbrei in den Glasaufsatz des Mixers geben und zusammen mit der Banane und dem Mandelmus kurz durchmixen.
- Mit Milch oder Sojamilch auf Trinkstärke bringen.

- Je nach Geschmack und Gefühl mit einigen dieser Zutaten aufpeppen und täglich anders zubereiten:

1 halber geschälter und enthäuster Apfel
1 kleine Hand voll durch ein Sieb gestrichene Blaubeeren oder Himbeeren
2 kleine enthäutete und entkernte frische Aprikosen
¼ weiche Avocado, ohne Haut und Stein
1 frische Feige, ohne Haut
½ TL Ahornsirup
½ geschälte und entkernte Birne
1 TL Olivenöl
1 TL Weizenkeime

- Mischung mit ⅛ Liter Vollmilch, laktosefreier H-Milch, Reismilch oder Sojamilch weiter verflüssigen, eventuell mit einem Schuss Wasser bis zur gewünschten Konsistenz verdünnen und noch einmal kurz aufschlagen.

Manche größere Kinder mögen es auch, wenn die Murkimilch mit Kefir vermischt wird.

ACHTUNG: Zitronensaft, aber auch Ananas, Papaya und viele andere Tropenfrüchte lassen die Milch schnell gerinnen. Auch aus grundsätzlichen Erwägungen lieber beim heimischen Obst bleiben.
Einem Kind unter 12 Monaten keinen Honig in die Murkimilch geben, überhaupt mit Süßem zurückhalten und lieber auf die Süße der Fürchte vertrauen.

2. WAS TUN – MEIN SOHN MAG KEINEN SALAT!

Salat, als Sammelbegriff, mag eigentlich niemand gerne. Es kommt immer auf die Sorte an. Einer von uns beiden Autoren bekommt bis heute schon bei dem Wort „Endiviensalat" eine Ganzkörpergänsehaut. Der andere würde den Geschmack von grünem Salat eventuell mögen, mag es aber nicht, wenn frühstückstellergroße Blätter um sein Gesicht schwappen. Viele Leute hassen vor allem die Salatsauce. Die beiden unten stehenden Salatkombinationen hingegen hat bislang noch jeder gegessen. Vielleicht bieten sie auch einen Einstieg in die restliche Salatwelt.

Die hier zuerst beschriebene Salatsauce ist besonders gut zu (sorgfältigst entsandetem) Feldsalat, den man mit der Schere von seinen fiesen Würzelchen befreit hat. Das Rezept stammt interessanterweise von einer Frau und Mutter eines Sohnes, die es absolut schrecklich findet, in der Küche herumzuwerkeln, und die auch nicht genannt werden will. Dennoch sammeln sich bei ihr regelmäßig große Horden von Jungen, die dort sehr gerne diesen Salat essen. Da die Salatsauce einen Teelöffel Zucker enthält, wollen wir nicht unerwähnt lassen, dass diese Mutter eigentlich mit unlauteren Mitteln kämpft. Aber man muss auch zugeben, dass es wenig Zucker ist, der in den vier Salatportionen landet. Vielleicht sollte man noch bemerken, dass es in dieser Familie diesen Salat als Beilage zu Milchreis gibt, und zwar zum Abendessen. Und dass dem Vernehmen nach immer alles restlos aufgefuttert wird.

Super-Salat

ZUTATEN

4 Hände voll Feldsalat, akribisch entwurzelt, gewaschen und entsandet und trockengeschleudert

FÜR DIE SAUCE

4 EL Olivenöl
1 TL Zitronensaft
1 Zentimeter mittelscharfer Senf
1 zerdrückte Knoblauchzehe
1 TL dunkle Sojasauce
1 TL Zucker (oder zur Abwechslung
1 TL Honig)
½ TL Salz
weißer Pfeffer

ZUBEREITUNG

Saucenzutaten sorgfältig miteinander verquirlen, Salat in einer Schüssel anrichten und Sauce darüber gießen. Falls kein fertig gekochter Milchreis zur Hand ist wie in der Familie, aus der dieses Rezept stammt, schmeckt dazu auch knuspriges Baguette.

Die andere Salathasser-Salatsauce, die wir hier empfehlen, schmeckt am besten zu Eisbergsalat oder zu den (klein geschnittenen) Herzen von Kopfsalat. Eisbergsalat hat den Vorteil, dass er eigentlich nach nichts schmeckt. Trotzdem sollte man ihn gelegentlich essen, mit der Sauce ist er wirklich wohlschmeckend. Vom Eisbergsalat die äußeren Blätter abwickeln, die inneren sehr klein schneiden, kein Stück sollte größer sein als ein Eurostück. Vier Hände voll Salat auf kleine Schälchen verteilen.

SALATHASSER-DRESSING

ZUTATEN

1 Becher Sahnejoghurt oder Schmant (125 g)
1 EL Zucker
3 EL Orangensaft

ZUBEREITUNG

Alles miteinander vermischen und über den Salat gießen. Dazu schmecken Pfannkuchen.

3. WAS TUN? MEIN SOHN EKELT SICH VOR ROHKOST!

Diese Abneigung ist so weit verbreitet, dass man sich wundern muss, dass nicht alle Gemüsehändler bereits an ihren braunen Tüten nagen. Mit den folgenden Rezepten lässt sich die Abneigung bekämpfen.

Haarige Monster

ZUTATEN *(für zwei Gemüsehasser)*

- 8 runde Stücke Pumpernickel oder 8 runde Cracker
- 1 EL Erdnussbutter
- 1 EL Frischkäse
- 2 EL Sprossen (die Sprossen bilden das Gemüse)

ZUBEREITUNG

4 Pumpernickel oder Cracker mit Erdnussbutter und 4 Pumpernickel oder Cracker mit Frischkäse bestreichen und die Sprossen (am besten mit den nussigen Alfalfasprossen anfangen) als Haare mit einer Seite darauf festdrücken, sodass sie etwas abstehen. Haarige Monster kann man auch mit Toastbrot machen, dann haben sie eben eher Quadratschädel.

Möhremix

ZUTATEN *(für zwei Jungen)*

- 2 große Möhren
- 2 EL Apfelmus
- 2 EL Schmant

ZUBEREITUNG

- Möhren superfein reiben, aber nicht zermusen.
- Mit Schmant und Apfelmus vermischen.

Schmeckt auf getoastetem Graubrot sehr gut.

Strandkohlrabi

ZUTATEN *(für zwei Jungen)*

1 kleiner Kohlrabi
2 EL Vollkornsemmelbrösel
40 g Butter
1 EL Olivenöl
¼ TL Salz

ZUBEREITUNG

- Kohlrabi schälen und fein stifteln, dabei darauf achten, dass die Stifte dick genug sind, um nicht abzubrechen.
- In 1 TL Butter die Semmelbrösel anrösten und in zwei kleine Schälchen geben. (Solche Minischälchen gibt es in Asialäden für ein paar Cent.)
- Die restliche Butter, das Öl und das Salz erhitzen und in zwei weitere kleine Schälchen verteilen.
- Kohlrabistifte zuerst in die heiße Butter stippen und dann in den Semmelbröseln rollen.

4. WAS TUN? MEIN SOHN FINDET GRÜNE GEMÜSE WIDERLICH

Da hilft nur die megagrüne Broccoli-Erbsensuppe, zu der man ruhig Tiefkühlerbsen nehmen sollte.

Grüne Suppe

ZUTATEN

1 Päckchen Tiefkühlerbsen
2 Röschen Broccoli
2 helle Zwiebeln
1 EL Butter
1 Liter Gemüsebrühe (aus einem Öko-brühwürfel hergestellt)
100 g süße Sahne

ZUBEREITUNG

- Broccoli waschen und in kochendem Salzwasser nicht zu weich kochen.
- Abgießen und mit kaltem Wasser abschrecken, damit er nicht weiter gart.
- Zwiebeln schälen und fein hacken und in der Butter andünsten. Brühe dazugiessen und unter Rühren erhitzen. Erbsen dazugeben. In geschlossenem Topf weich kochen.
- Den Broccoli in den Topf geben und mit einem Stabmixer kurz pürieren, bis keine großen Stücke mehr darin sind.
- Mit Salz und Pfeffer abschmecken und die Sahne hinzufügen.

DIE LEIDIGEN ALLERGIEN

Der amerikanische Forscher Gary Huffnagel von der University of Michigan Medical School vermutet, dass Kinder leichter an Allergien und Asthma erkranken, wenn sie zu viele Antibiotika bekommen.
In Mäuseversuchen jedenfalls hätten die Antibiotika die Darmflora angegriffen, aber auch die Lunge sei in Mitleidenschaft gezogen worden. Als Mittel gegen das Immunchaos empfiehlt der Forscher Polyphenole, die besonders in Früchten und Gemüse stecken. Angeblich haben die Bewohner der Mittelmeerländer deswegen weniger Allergien, weil sie mehr Gemüse essen.

7

Kleine Kochschule in 3 Stufen

Rührer und Schmierer

Unser 3-Stufenplan sieht – je nach Reife des Kindes – ein Eintrittsalter von vier und sechs Jahren vor. Aber natürlich kann auch ein Zehnjähriger seine ersten Küchenabenteuer mit selbst gekochtem Kakao beginnen.

Es wäre natürlich nett, wenn kleine Jungs sich möglichst früh selbst etwas kochen könnten. Aber wann soll man sie an den Herd lassen? Und ist das Hantieren mit heißen Töpfen nicht viel zu gefährlich für Kinder?

Verbrennungen und Verbrühungen können in der Tat bei Kindern lebensgefährlich sein. Statistisch gesehen sind es allerdings häufiger die Erwachsenen, die dem Spross – aus Versehen – einen Topf kochendes Spaghettiwasser oder Schlimmeres über den Kopf schütten und damit sein Leben gefährden. Wenn Kinder selbst den heißen Topf vom Herd ziehen und sich dabei verletzen, dann hat das fast immer nur zwei Gründe: Entweder das Kind war unter ein Meter vierzig groß. Oder das Kind hatte keine Erfahrung und Geschicklichkeit beim Umgang mit heißen Speisen.

- Gegen Punkt eins hilft: Wenn Kinder im Haushalt leben, die kleiner als eins vierzig sind: Herdgitter kaufen, anbringen und lernen zu kochen, ohne den Stiel der Bratpfanne darin zu verhaken.

- Zu Punkt zwei: Das Kind unbedingt rechtzeitig an das Hantieren mit gefährlichen Dingen gewöhnen. Im Falle des Herdes geht das ganz einfach. Da das Kind, wenn es auf einem Hocker steht und in den kochenden Topf blickt oder gar darin herumrührt, in noch höherer Gefahr

schwebt, muss man die heiße Platte zum Kind bringen. Kleine Einzelkochplatte kaufen und auf eine flachen Kindertisch in der Küche stellen. Wer besonders unruhige oder fahrige Buben hat, kann auch von einem alten Nachttischchen (vom Trödler) die obere Platte abnehmen und die kleine Elektrokochplatte quasi von oben in die Schublade hineinstellen. Dann kann der Topf zumindest nicht umkippen. Und wenn er schwappt, dann schwappt das meiste in die Schublade. Die wird zum Reinigen herausgezogen. Besonders geschickte Eltern kleiden sie mit feuerfester Folie oder mit dünnem Blech aus. In unserem weiteren Bekanntenkreis gibt es auch eine unerschrockene Familie, die einen antiken hölzernen Nachtstuhl umgebaut hat und nun als Kochuntersatz für ihre Buben verwendet. Bei solchen Konstruktionen sollte man darauf achten, dass nicht das komplette Kochmöbel Feuer fangen kann. Kinder, die auf einer solchen Konstruktion kochen, in jedem Fall lückenlos beaufsichtigen.

An so einem entschärften Kinderherd kann man gleichwohl richtig kochen, vorausgesetzt man ist bereits vernünftig und etwa vier Jahre alt. Die Investition an Nerven, die die Eltern in dieser Phase leisten, und auch die vielen Arbeitsstunden mit Putzlappen und Metallwolle zahlen sich später aus.

Da Fett ungleich heißer wird als Wasser und auch die übleren Verbrennungen verursacht, sollte man den Jungen nicht gleich braten und brutzeln lassen, sondern lieber anregen, einen Pudding zu kochen. Wer das schon einmal mit einem Instant-Pudding versucht hat, den man ja überhaupt nur aus kalten Zutaten zusammenrühren muss, wagt sich vielleicht schon bald an den klassischen Schokoladenpudding aus der Tüte heran. An den, der auf dem Herd gemacht wird. Die Vorstufe jedoch führt über ***SELBST GEMACHTEN KAKAO.***

Wenn der Erwachsene das komplette Programm einmal mit dem Jungen gemeinsam gemacht hat, kann er das nächste Mal allein oder – noch besser – mit einem gleichaltrigen Freund schalten und walten.

Selbst gemachte heiße Schokolade

ZUTATEN *(für zwei Köche)*

250 ml Wasser
2 geh. EL echtes dunkles Kakaopulver
1 EL Zucker
1 Teelöffelspitze Zimt
2 EL Kondensmilch oder Sahne

ZUBEREITUNG

- Das Wasser erhitzen, Zutaten einrühren.
- In zwei kleine Becher jeweils 1 EL Kondensmilch oder Sahne geben, die heiße, aber nicht mehr kochende Flüssigkeit darüber geben.
- Tüchtig umrühren.
- Eventuell üppig mit Sprühsahne dekorieren.

Kochstufe 1

Diese Rezepte eignen sich hervorragend, um sie mit kleinen Jungen zunächst zusammen zuzubereiten. Nach und nach lässt man sie dann alleine werkeln – je früher, desto besser.

DER TIERISCHE HERMANN
TROPENCRUMBLE
MANN MIT MÜTZE, FRAU MIT MASKE

Der tierische Hermann

Bei diesem eigenartigen Rezept handelt es sich um ein traditionelles Rezept aus der ehemaligen DDR, das heute auch in Kirchenkreisen kursiert, vermutlich wegen der sozialisierenden Eigenschaften von Hermann. Der Kuchenteig soll als eine Art Familiemitglied empfunden werden, er hört auf den Namen Hermann. Er hat auch Ähnlichkeiten mit einem Haustier, da er der ständigen Betreuung bedarf. Er wird über insgesamt 20 Tage gefüttert, gerührt oder auch schlafen gelassen. Dann kommt ein Drittel von ihm – mit einigen weiteren Zutaten – in den Ofen und wird gebacken. Ein Drittel kann man – zusammen mit dem Rezept – an den Nachbarn verschenken. Dann hat der auch einen Hermann. Das zweite Drittel behält man selbst. Für den nächsten Hermann, der zehn Tage später reif ist, falls man ihn nicht vorher einfriert. Die Pflege dieses Kuchens ist ganz einfach, und auch ungeduldige kleine Jungen haben viel Spaß daran, da sich der tägliche Arbeitsaufwand in Grenzen hält.

Zudem schmeckt dieser eigenartige Kuchen besonders gut. Angeblich soll sein Geschmack sogar immer besser werden, je länger er existiert.

ZUTATEN

1 Päckchen Trockenhefe
1 Tasse Weizenmehl
1 Tasse warmes Wasser
1 EL Zucker

ZUBEREITUNG

- 1. Tag: Hefe mit dem Zucker in dem warmen Wasser auflösen und das Mehl darunter heben. An einen warmen Ort stellen.
- 2. Tag: Hermann mit einem Holzlöffel umrühren.
- 3. Tag: Hermann in den Kühlschrank umziehen lassen und mit einem Holzlöffel umrühren.
- 4. Tag: 1 Tasse Wasser und 1 Tasse Mehl hinzufügen und umrühren, ab jetzt bleibt er immer im Kühlschrank.
- 5. Tag bis 10. Tag: Jeden Tag umrühren.

- **10. TAG, NACHMITTAGS:** Teig in drei Teile teilen: Teil eins mit dem Rezept verschenken, Teil zwei einfrieren und Teil drei weiterverarbeiten, nämlich so:
- 1. Tag: Dem Teigdrittel 1 Tasse Mehl, ½ Tasse Zucker und 1 Tasse Milch hinzufügen, umrühren, in eine größere Schüssel umfüllen, in den Kühlschrank stellen.
- 2. Tag bis 4. Tag: Täglich einmal umrühren.
- 5. Tag: 1 Tasse Mehl, ½ Tasse Zucker und 1 Tasse Milch hinzufügen, umrühren.
- 6. bis 10. Tag: Täglich einmal umrühren.

Danach teilt man den Teig wieder in drei Teile. Einer wird nun zum Kuchen verarbeitet, aus einem Teil kann man den nächsten Ansatz machen (der dann wiederum in zehn Tagen zu einem Kuchen führt) und einen Teil kann man mit dem Rezept für die Fertigstellung verschenken.

FERTIGSTELLUNG HERMANNKUCHEN

ZUTATEN

Ein Teigdrittel (siehe links)
200 g Butter, in Stückchen
250 g Mehl
1 Päckchen Backpulver
100 g Zucker
3 Eier
1 TL Zimt

Alle Zutaten zu einem dicken Teig verrühren und in einer gefetteten Form bei 180 Grad 50 Minuten backen.

Dem Teig kann man auch Trockenfrüchte, abgetropftes Dosenobst, Nüsse und Samen oder frisches Obst zugeben (insgesamt nicht mehr als 200 g). Besonders gut schmeckt Hermann, wenn man ihn mit einer Tasse Schokoladenstücke und einer Tasse abgetropfter Kirschen ohne Stein vermischt.

Tropencrumble

ZUTATEN

4 verschiedene Früchte (zum Beispiel 1 Banane, 1 Scheibe Ananas, 1 Papaya, 1 große Orange oder andere Früchte)
150 g Mehl
75 g Butter
75 g Zucker
1 EL Butter für die Form

ZUBEREITUNG

- Backofen auf 180 Grad vorheizen.
- Kleine Auflaufform buttern.
- Die Früchte waschen bzw. schälen und in mundgerechte Stücke zerteilen.
- Die drei Zutaten für den Crumble in eine große Schüssel geben und mit den Händen verkrümeln, bis eine gleichmäßige Streuselmasse entsteht.
- Crumble über die Früchte bröseln und den Crumble ca. 40 Minuten backen.

Mit Schlagsahne essen.

Kochstufe 1

Mann mit Mütze

Frau mit Maske

ZUTATEN:

1 Tafel Vollmilchschokolade
5 Rippchen Zartbitterschokolade
8 dicke Marshmallows
1 Röhrchen Schokolinsen
8 Holzspießchen
4 silberne Löffel

ZUBEREITUNG:

- Schokoladen in einen hohen Kaffeebecher bröckeln und in einen Topf mit 2 Finger hoch Wasser stellen.
- Wasser zum Kochen bringen und schmelzende Schokolade immer wieder umrühren.
- Die Schokolinsen mit einer Teigrolle zermahlen oder mit einem Hammer zerschlagen.
- Die Marshmallows auf die Spieße pieken und nacheinander mit einer Hälfte zuerst in die Schokolade tauchen, dann in den zermahlenen Schokolinsen wälzen.
- Die Silberlöffel nur mit dem Löffelmund in die Schokolade tauchen.

Alles auf einem Rost gut trocknen lassen. Mit den Löffeln kann man seinen Tee umrühren und dazu die Mützenmänner essen.

Kochstufe 2

Forscher und Entdecker

Ein Junge von neun Jahren hat nahezu ausgereifte feinmotorische Fähigkeiten und genug Kraft, um in einer normalen Familienküche zum Beispiel einen vollen Wassertopf zu stemmen. Woran es ihm im Vergleich zu einem Erwachsenen fehlt – ist Übung, vielleicht Konzentration und vielleicht der Überblick über eine Situation. Wenn er das möchte, kann er in diesem Alter aber durchaus damit beginnen, alleine – noch besser mit seinem Freund – unbeaufsichtigt etwas zu kochen.

Der eventuell gleichzeitig zu Hause herumlungernde Elternteil tut gut daran, sich Kopfhörer aufzusetzen, laute Musik zu hören und dabei zu lesen. Dieses Verfahren erfordert natürlich, dass der Junge bereits öfter allein in der Küche wirken durfte und dass er darüber orientiert ist, dass eine Plastikpistole, die auf einer heißen Herdplatte abgelegt wird, früher oder später einen Hausbrand verursachen wird. In jedem Fall vorher einmal über Feuerschutz sprechen und die Telefonnummer der Feuerwehr herunterbeten lassen. Dieses Wissen kann ohnehin nicht schaden. Und nebenbei: Die meisten von Kindern verursachten Brände geschehen nicht, weil die Kinder für die Familie auf einem heißen Herd etwas kochen sollten, sondern weil der Gebrauch von Feuer und Hitze untersagt war und die Jungen deswegen heimlich damit hantieren mussten.

Jungen ab etwa sieben bis zehn Jahren können mit einem Kochbuch, einer Geldbörse und einem Einkaufskorb auch die Grundvorbereitungen zum Kochen alleine tätigen, von der Auswahl eines Rezeptes bis hin zum Einkauf. Wenn

GRUNDREGEL FÜR SELBSTSTÄNDIG KOCHENDE JUNGS

Da Neunjährige nicht nur mit Wasser kochen wollen oder Tütenpuddings mit kalter Milch anrühren möchten, müssen sie eine einzige Regel lernen, ohne die kein selbstständiger Koch in die Küche kommt: eventuell brennendes Fett wird keinesfalls mit Wasser gelöscht (was zu einer Katastrophe führt), sondern indem man einen Deckel auf die Pfanne oder den Kochtopf legt und die Flammen damit einfach erstickt.
Am besten die Jungen vor dem Kochen checken lassen, wo der richtige Deckel für den zu benutzenden Topf liegt. Er gehört in Reichweite genau neben den Herd.

Grundrezept für Pfannkuchen

sie wirklich alleine entscheiden dürfen und zum Beispiel die Aufgabe erhalten, an einem Regentag von einem bestimmten Budget ein samstägliches Mittagessen für alle zu brutzeln, wird ihnen die ganze Sache bestimmt Spaß machen. Und – falls sie wirklich irgendetwas auf den Tisch bringen sollten: mit Lob kann man gar nicht verschwenderisch genug umgehen. Kritik in jeder Form hingegen ist absolut tabu.

Die meisten Jungen, die wir kennen, backen leidenschaftlich gerne Pfannkuchen. Das hängt bestimmt damit zusammen, dass sie sie auch so gerne essen. Dass man zum Pfannkuchenbacken eine spezielle Pfanne braucht, bezweifelt Christoph. Ob sie aus Gusseisen ist (gut) oder

ZUTATEN *(für vier Personen)*
4 Eier
Mehl
Milch
Margarine

ZUBEREITUNG
- Eier aufschlagen. Mit einem Schneebesen verrühren und so viel Mehl dazugeben (bei normaler Eiergröße etwa 6 gehäufte EL), dass der Teig die Festigkeit von Schokocreme bekommt, also sehr dick ist.
- Etwa 1 Tasse voll Milch hinzugeben. Teig glatt rühren. Nach und nach noch so viel Milch hinzufügen, bis der Teig eine sirupähnliche Konsistenz hat.
- Teig ½ Stunde (!) ausquellen lassen. Danach eventuell noch Milch hinzufügen.
- Pfanne erhitzen. Sofort einen guten Esslöffel Margarine hineingeben und schmelzen lassen. Pfanne etwas anheben und drehen, damit sich das Fett auf dem Pfannenboden und ein wenig am Rand hoch verteilen kann.
- Eine Kelle voll Teig in die Pfanne geben. Den Teig durch Drehen der Pfanne gleichmäßig auf dem Pfannenboden verteilen.
- Herdtemperatur auf mittlere Stufe einstellen.
- Den Pfannkuchen mindestens 1 Minute lang backen, ohne dass an ihm herumgeschoben wird.
- Sobald sein Rand glasig und fest wird, eine Palette unter den Pfannkuchen schieben und ihn wenden. 2 Minuten backen und abermals wenden. Von der anderen Seite ebenfalls leicht anbräunen.
- Pfannkuchen auf einen Teller rutschen lassen und gleich den nächsten backen. Wieder etwas Fett nehmen und genauso verfahren wie beim ersten Pfannkuchen.

emailliert (genauso gut) oder aus Edelstahl (so lala) oder ob sie eine Teflonbeschichtung hat (gut, wenn die intakt ist), macht für den Pfannkuchen keinen Unterschied. Hilke hingegen bäckt Pfannkuchen seit Jahren in einer noch von der Oma eingebackenen gusseisernen Pfanne. Geschmacklich ist kein Unterschied feststellbar. Für den Teig braucht man keine Küchenwaage. Die wäre auch schon deswegen Unsinn, weil Eier nun mal verschieden groß sind. Besser ist es, man lernt von Anfang an, den Pfannkuchen nach Gefühl zu backen. Man beginnt das Rezept damit, dass man die Zahl der Esser ermittelt und dann für jeden Hungrigen ein Ei rechnet, bei hungrigen großen Männern eher zwei.

Pfannkuchen-Variationen

PFANNKUCHEN schmecken natur, mit etwas Zucker oder auch so angerichtet:

- mit angebratenem Hackfleisch und Ketchup belegen
- mit Ahorn- oder Rübensirup beträufeln
- mit Eiscreme und Schokoladensauce füllen
- mit 1 Scheibe Schinken zusammenfalten
- Pfannkuchen in Stücke schneiden und mit Puderzucker und Apfelmus zu einem Berg schichten
- mit frischen Erdbeeren und Sahne füllen
- sättigend: mit Erdnussbutter füllen und aufrollen
- chinesisch: mit klein geschnittenen Frühlingszwiebeln, 2 Salatblättern (Eisberg!, klein geschnitten) und etwas Sojasauce aufrollen
- isländisch: auskühlen lassen und wie ein Käsebrot mit Butter bestreichen und mit Goudascheiben belegen
- amerikanisch: als Decke um ein langes Bockwürstchen rollen
- holländisch: statt der Margarine 3 Scheiben Frühstücksspeck in der Pfanne auslassen und den Teig darin backen (Achtung, erfordert etwas Routine)
- türkisch: auskühlen lassen und mit Joghurt und Gurken essen
- ostfriesisch I: nach dem ersten Wendemanöver Krabben oder ein paar Scampi mitbraten
- ostfriesisch II: mit Kartoffelsalat anrichten
- Lübecker Art: mit Apfelscheiben und Marzipanscheiben dekorieren
- Cowboyart: mit einem aufgewärmten Rest von Chili-con-Carne füllen
- als Pausensnack: erkalten lassen, mit Marmelade bestreichen und aufrollen
- für Freundinnen: nach dem ersten Wendemanöver eine klein geschnittene Banane mitbraten, dann mit Zimtzucker bestreuen

GRUNDREGELN

Gemüse und Fisch

VOM UMGANG MIT GEMÜSE

Gemüse putzen, klein schneiden und in kochendes Wasser mit viel Salz (mindestens ½ EL pro Liter) werfen. Diese große Menge ist beim Blanchieren nötig. Das salzige Wasser isst man ja später nicht mit. Wenn das Wasser wieder kocht, nach ein oder zwei Minuten vielleicht, die Temperatur klein stellen, das Gemüse mit einer Schaumkelle herausfischen oder in ein Sieb zum Abtropfen geben.

Jetzt Butter in einem Topf schmelzen (wer will, kann hier einen Tropfen Zitrone dazugeben, damit die Butter nicht zu braun wird), das abgetropfte Gemüse dazugeben und gut umrühren, damit die Butter auch alles Gemüse umschließt. Probieren und eventuell würzen, Nachsalzen dürfte nicht nötig sein. Falls es Sahnegemüse werden soll, wäre jetzt der richtige Moment gekommen, ein paar Esslöffel Sahne oder etwas Schmant hinzuzufügen. Das Gemüse kann man dann so lange stehen lassen, bis alle anderen Speisen fertig sind. Mit dieser Art, Gemüse zu blanchieren und in Butter zu dünsten, wird der Nestflüchter sehr weit kommen und sich sicher fühlen, wenn ihm ein Gemüse aufs Küchenbrett kommt.

CHRISTOPHS BLITZMÖHRCHEN

Möhren wie immer blanchieren und großzügig mit geschmolzener Butter und einem Löffelchen Balsamico vermischen. Großzügig Parmesan darüber reiben. Danach noch ca. fünf Minuten bei kleinster Flamme weich kochen lassen.

SO SCHMECKT FISCH FRISCH

Den folgenden Merkspruch könnte ein gedächtnisschwacher Junge auch auf Fleisch anwenden: Säubern, säuern, salzen. Für Fisch gilt er immer. Den Fisch unter fließendem Wasser abspülen und – falls er noch Schuppen oder Haut hat – leicht über die Oberfläche massieren. Dann mit einem Küchentuch oder Haushaltspapier trockentupfen, mit Zitronensaft, Essig oder etwas anderem Saurem, zum Beispiel Apfelsaft, einreiben. Danach wird der Fisch gesalzen. Wenn man ihn kochen will, legt man den Fisch in siedendes, gut gesalzenes Wasser.

RITTER IN DER RÜSTUNG

Einen ganzen ausgenommenen Fisch (von ein bis zwei Kilo Gewicht) wie üblich säubern und mit Zitrone säuern. Dicke Alufolie auf ein Backblech legen und darauf ein Kilo Meersalz verteilen. Fisch darauf legen und mit einem weiteren Kilo Meersalz (oder zweien) bedecken, Salzhaufen mit dem Blumensprüher leicht anfeuchten. Fisch eine Stunde backen. Aus der Kruste hacken.

Snickersalat

Echt ungesund!

Dieses unglaubliche Rezept stammt aus Amerika und wird dort in Variationen in verschiedenen Rezeptgruppen (wie zum Beispiel www.recipezaar.com) im Internet weitergereicht. Wir haben es ausprobiert, um zu beweisen, dass es schrecklich ist, aber das ist es leider nicht. Es ist super. Etwas fortgeschrittene Küchenanfänger lieben es, diesen Salat zuzubereiten und mit ihren halbstarken Freunden zu verspeisen. Durch das Wort „Salat" im Namen sollte man sich nicht darüber hinwegtäuschen lassen, dass dieses Gericht vermutlich die ungesündeste aller Küchensünden ist. Gemeinerweise schmeckt der Snickerssalat aber auch Erwachsenen, zumindest denjenigen, die nicht wissen, was drin ist.

ZUTATEN

200 g Frischkäse (leichte Version)
150 ml Sahne
50 g Puderzucker
6 Snickers
6 Äpfel (Granny Smith)

ZUBEREITUNG:

- Äpfel waschen und enthäusen und in kleine Stückchen schneiden.
- Snickers auswickeln und in möglichst kleine Stückchen schnippeln.
- Frischkäse mit Sahne und Puderzucker vermischen, die Äpfel und die Snickers unterheben.

Alles im Kühlschrank 2 Stunden lang durchziehen lassen.

Mit freundlicher Genehmigung von www.recipezaar.com

Shakshouka

Echt gesund!

ZUTATEN *(für zwei Personen)*

2 große Zwiebeln
2 Knoblauchzehen
4 Eier
4 Tomaten
4 EL Olivenöl

ZUBEREITUNG

- Tomaten waschen und sehr klein schneiden, Zwiebel pellen und fein würfeln.
- In einer nicht zu großen Pfanne das Öl erhitzen und die Zwiebeln leicht anziehen lassen, geschälten Knoblauch und die Tomaten hinzufügen und bei geschlossenem Deckel ½ Stunde bei niedriger Temperatur schwach köcheln lassen.
- Die Eier aufschlagen und vorsichtig auf die Tomaten setzen. Bei geschlossenem Deckel 5 Minuten stocken lassen.

Dazu schmeckt frisches Baguette.

Mayonnaise kann jedes Kind selbst zubereiten, die Frage ist nur, ob es die Mayonnaise auch isst. Diese hier ist zur Elternbewirtung geeignet, sie geht schnell und ist beeindruckend. Der einzige Trick für das Gelingen ist, dass alle Zutaten die gleiche Temperatur haben, am besten Zimmertemperatur. Nette Eltern stellen alle Zutaten zwei Stunden vorher auf ein Tablett.

Mango-Mayonnaise mit Bruschetta

ZUTATEN

Für die Mayonnaise:

1 Eigelb
1 TL Zitronensaft
1 TL Dijonsenf
½ TL Salz
100 ml Olivenöl
50 ml Sahne
1 halbe reife Mango, geschält und in Stückchen geschnitten
1 Würfelchen frischer Ingwer, klein geschnitten, oder 1 TL Ingwerpulver

Für die Bruschetta:

4 Scheiben Weißbrot ohne Rinde
2 EL Olivenöl
2 Knoblauchzehen
1 EL Rosmarinnadeln, zerhackt

ZUBEREITUNG

Für die Mayonnaise:

- Alle Zutaten in den Glasaufsatz eines Mixers füllen und 1 Minute lang mixen.

Für die Bruschetta:

- Den Ofen auf 200 Grad vorheizen.
- Knoblauch schälen und fein hacken und mit den zerkleinerten Rosmarinnadeln, dem Meersalz und dem Öl mischen.
- Weißbrotscheiben auf beiden Seiten mit der Mischung bepinseln, am Rand beginnen.
- Bruschetta nach Sicht 5 Minuten lang auf dem Backblech bräunen, nicht wenden.

He's Leaving Home

Am besten ist es natürlich, wenn ein Junge in seiner Kindheit so viel gekocht und beim Kochen geholfen hat, dass es für ihn kein Problem darstellt, sich an den eigenen Herd zu stellen, wenn er von zu Hause ausgezogen ist.

Und wenn nicht? Ist es auch kein Weltuntergang. Ein paar Dinge muss er dann eben nachlernen, bevor er das erste Mal die Freundin bekocht. Was mache ich, wenn ich einen Fisch, der mich so lecker angeguckt hat, zubereiten will? Wie gehe ich mit Gemüse um? Wie war das noch: Nudeln ins kalte oder kochende Wasser? Vielleicht erinnert er sich noch, dass man Kopfsalat roh isst. Und wenn er ihn in kochendes Salzwasser wirft, ist das zwar keine besonders gute Idee, aber auch nicht ganz falsch. Man kann daraus auch Suppe machen.

Ob nun aber später beim Auszug oder früher – ab elf, zwölf ist man alt genug für die Stufe 3 –, die folgenden Grundregeln muss man kennen.

SO GEHT DAS MIT DEM FLEISCH

Ein Stück Fleisch sollte jeder Junge in die Pfanne hauen können. Dass die Pfanne unbedingt knallheiß sein muss, wenn man das Schnitzel hineinlegt, ist eine Legende. Alles, was man dazu von sich schließenden Poren gehört hat, ist blanker Unsinn. Aber Fett braucht man, und zwar genügend. Dann einfach warten, bis das Fett in der Pfanne heiß genug ist, um einen Wassertropfen zischen zu lassen, also etwa 100 Grad Celsius. Ob man das Schnitzel klopft, intensiv mit einer Gabel piekst oder vorher in Sojasauce, Zitrone oder Rotwein eingelegt hat, ist eigentlich egal. Nachdem das Fleischstück in der Pfanne ist, sollte man es kurz bewegen, damit es nicht anbackt. Erst nach dem Wenden salzen und pfeffern. Lieber zu früh aus der Pfanne nehmen als zu spät. Ein Stück probieren – wenn man es stärker garen will, einfach wieder zurück in die Pfanne.

Zum Braten von Fleisch empfehlen wir Olivenöl. Weil das nicht heißer als 180 Grad werden darf, sonst raucht und stinkt es und wird ungesund, zwingt es zu einem etwas sanfteren Braten. Fleisch gart schon ab ca. 70 Grad Celsius und wird besonders zart, wenn es so vorsichtig behandelt wird. Und noch einen Vorteil hat das Braten bei mittlerer Temperatur: Der austretende Fleischsaft brennt nicht kohleartig ein und kann noch für die Sauce aufgekratzt werden! Allerdings: Wer zum sanften Braten zu ungeduldig oder zu schusselig ist, der nehme Bratöl, das man ungestraft auch mal rauchen lassen darf.

WIESO DAS GANZE SALZ?

Wenn ich will, dass der Geschmack und die Inhaltsstoffe im Fisch, im Fleisch oder im Gemüse bleiben, muss ich es in kochendes, gut gesalzenes Wasser geben. Will ich die Aromastoffe und die Vitamine herauslösen, um zum Beispiel eine tolle Brühe zu kochen, muss ich das Fleisch, das Gemüse oder den Fisch in kaltes, ungesalzenes Wasser legen und erst dann langsam zum Kochen bringen.

Das gilt auch für Reis und Nudeln. Sie kommen immer in gesalzenes Wasser. Selbst Kartoffeln könnte man garen, indem man sie in kochendes Salzwasser legt, auch wenn es so nicht an der Hauswirtschaftsschule gelehrt wird.

DIE SÜSSE DES LEBENS

Das Dessert oder der Nachtisch darf nie den Anspruch erheben, gesund zu sein. Denn das Essen davor war ja immer in jeder Hinsicht vorbildlich. Nach der Tugend also die Sünde. Und Sünde bedeutet beim Nachtisch: süß und fett! Dabei macht es keinen Sinn, Magerquark zu nehmen, leckerer ist die Vollfettstufe. Denn Desserts aus reinem Magerquark brauchen viele Zutaten, viel Zucker und befriedigen trotzdem so wenig, dass man mehr davon isst. Wer ganz schlau ist und viel Zeit hat, bervorzugt Magerquark und rührt ihn mit einem großen Schuss Sahne und einem kleinen Schuss Mineralwasser weich. Etwas anderes geschieht in der Molkerei auch nicht. Aber auf diese Art wird das Ergebnis cremiger und luftiger. Also lieber ein fettes und süßes Dessert, das klein, aber fein das Essen abschließt: Sahne, Zucker, Honig, Mandeln, Schokolade, das alles gehört in ein Dessert, das den Namen verdient. Na ja, vielleicht nicht alles auf einmal. Hier ist ein Rezept für die Urform einer Quarkspeise.

Urquark

ZUTATEN

500 g Magerquark
und 100 g Sahne
oder 500 g Sahnequark
4 EL stark sprudelndes Mineralwasser
4 EL Zucker oder Honig oder
Ahornsirup
Saft einer Zitrone

ZUBEREITUNG

Alle Zutaten vermengen und zum Schluss eventuell noch nachsüßen.

REZEPTE FÜR DIE MEISTER

Früher gab man Mädchen, die das Haus verließen, ein selbst geschriebenes Kochbuch mit auf den Weg. Eigentlich sollte man Eltern von Jungen raten, das auch zu tun. Noch besser ist es aber, wenn der flügge Sohn sich selbst (und vielleicht seine ersten Wohngemeinschaftsbuddies) mit einigen krisensicheren Rezepten über Wasser halten kann. Wer zu Hause öfter mal die Küche für sich allein hatte, dürfte später keine Schwierigkeiten haben, ein einfaches Menü wie das hier vorgeschlagene zu kochen. Wer es tut, sieht beim Kochen gut aus, legt nicht die ganze Küche in Schutt und Asche, ruiniert sich nicht finanziell und beeindruckt eingeladene Freunde. Etwas Vorbereitung ist nötig. Dafür aber entfällt der Küchenstress in der letzten halben Stunde vor dem Servieren.

Kleines Menü

Schusselnudeln mit Apfelpesto

(für vier Personen)

NUDELZUTATEN

- Eier
- Mehl
- Wasser
- Salz

ZUBEREITUNG

Zu Anfang lieber weniger als mehr Nudelteig machen. Für zwei Personen reicht Teig aus einem Ei.

- Das Ei mit einem Messer in zwei gleich große Hälften durchschneiden.
- 1 Eierschalenhälfte mit Wasser füllen und das komplette Ei damit verquirlen.
- Nach und nach Mehl zugeben und den Teig immer wieder verrühren, sodass alles Mehl befeuchtet wird. Pro Ei mit 5 Schalenhälften Mehl beginnen und insgesamt noch 2 weitere einarbeiten, nachdem der Teig jeweils ½ Stunde gestanden hat. Wenn man Milch nimmt statt Wasser, ist das Kneten etwas leichter.

Es liegt an der unterschiedlichen Größe von Hühnereiern, dass die meisten Leute keine selbst gemachten Nudeln hinbekommen. Diesem Problem kann man aus dem Weg gehen, indem man gleich große Eier verwendet und eine der Eierschalenhälften als Hohlmaß für Mehl und Flüssigkeit benutzt. Wenn der Teig erst mal stimmt, ist das Nudelmachen ganz leicht, weswegen sie ja auch Schusselnudeln heißen.

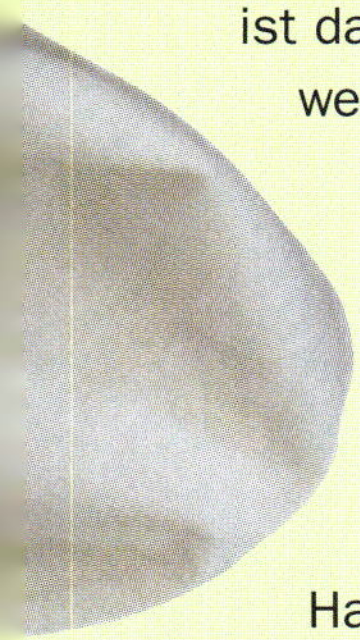

Sie trocknen schnell auf einer durch die Küche gespannte Leine oder über Nacht auf einem bemehlten Handtuch. Danach werden sie gekocht.

Ei immer mit großen Messer am Äquator aufschneiden, statt es an einem Topfrand aufzuschlagen.

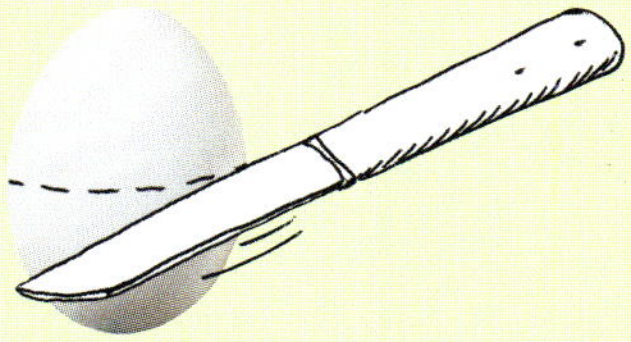

NUDELHILFE

Bei diesem Rezept hat es die 7. Eierschale Mehl meist in sich und lässt sich nur mit Gewalt noch in den Teig hineinwürgen. Wer zu schwach ist, um mit roher Kraft zu kneten, kann den Teig in einen kleinen Gefrierbeutel (mit Reißverschluss) geben. Zumachen. Dann den Beutel kneten und den Teig darin zwischen zwei Fingern bewegen. Durch die im Beutel eingeschlossene Luft wird der Teig besonders glatt und klebt auch nicht am Beutel fest. An so einem Teig können schon sehr kleine Kinder mitwirken. Bis zum Verbrauch im Kühlschrank lagern (höchstens einen Tag lang).

- Auf einer üppig bemehlten Fläche möglichst dünn ausrollen. Teig in Streifen schneiden und entweder auf einem bemehlten Handtuch oder auf einer Leine trocknen lassen (Streifen nicht länger als 20 Zentimeter machen, sonst reißen sie von ihrem eigenen Gewicht).
- Nudeln in einem sehr großen Topf in mindestens 3 Liter Salzwasser (1 EL Salz auf 3 Liter Wasser) bissfest kochen.

ACHTUNG: Das geht schneller als mit Nudeln aus der Packung!

- Nach 3 Minuten das erste Mal probieren.

Nach dem Kochen in einen Durchschlag geben, heiß abbrausen und sofort mit dem Pesto vermischen.

Apfelpesto

ZUTATEN

4 EL Pinienkerne
4 kleine Scheiben luftgetrockneter Schinken
8 EL Olivenöl
2 EL Zitronensaft
1 kleine Chilischote
1 kleiner roter Apfel

ZUBEREITUNG:

- Schinken von eventuellem Fett befreien und in kleine Stückchen schneiden.
- Apfel waschen, vom Kerngehäuse befreien und grob zerkleinern. Mit den restlichen Zutaten in der Moulinette zu einer Paste verarbeiten.

Krisen-Huhn

Dieses Huhn heißt so, weil es immer gelingt, völlig unkompliziert zuzubereiten ist und weil es in jeder Lebensphase gut schmeckt.

ZUTATEN

2 ganze Hühnerbrustfilets ohne Haut
4 EL Mayonnaise
4 EL Semmelbrösel
4 EL Akazienhonig
1 kleiner Zweig Rosmarin
4 EL Öl zum Braten

ZUBEREITUNG

- Hühnerbrüste zerteilen (in je 2 Hälften), von Fettschwabbeln befreien, waschen und trockentupfen.
- Backofen auf 200 Grad vorheizen.
- Mayonnaise mit Semmelbrösel und Honig zu einer Paste vermischen.
- Hühnerbrusthälften in einer Pfanne mit Metallstiel in dem Öl auf beiden Seiten schnell und heiß anbraten. Pfanne vom Feuer nehmen und die Paste auf die 4 Fleischstückchen gleichmäßig auftragen.
- Rosmarinzweig in die Pfanne legen. Deckel auflegen und das Gericht mindestens 30 Minuten lang im Backofen weitergaren lassen. Falls es zu krisenhaften Verzögerungen des Essens kommt, kann dieses Gericht auch nach dem Garen bis zu 5 Stunden bei 80 Grad Backofenwärme überdauern, ohne sich geschmacklich zu verändern.
Deckel während des Bratens nicht anlupfen.

Mousse

Für den ersten Besuch der Freundin verraten wir noch unser Mousse-Rezept. Es ist einfach, erfordert aber einige Vorausplanung.

ZUTATEN

250 ml Sahne
1 Tafel sehr gute Zartbitterschokolade (Valrhona oder Ähnliches)
1 TL Zimt

ZUBEREITUNG

- Die Schokolade in eine hohe Kaffeetasse bröckeln. Tasse in einen kleinen Topf stellen und 2 Finger hoch Wasser in den Topf füllen.
- Wasser sieden lassen, bis die Schokolade schmilzt. Oft umrühren, damit sich alle Klümpchen lösen.
- Schokosirup schnell in eine Rührschüssel umfüllen und unter ständigem Rühren die flüssige Sahne einlaufen lassen. Beide Substanzen müssen sich komplett miteinander verbinden.
- Zum Schluss den Zimt unterrühren.

Das Ergebnis dieser Tätigkeit kommt jetzt für mindestens 10 Stunden in den Kühlschrank, es hält auch länger. Am besten mit Klarsichtfolie gut abdecken. Wenn der Besuch naht, die Schokosubstanz einfach mit dem Handrührer aufschlagen, so als wäre es normale Sahne.

Fertig ist die beste Mousse der Welt.

Aufpäppeln

8

Drei Tage war der Käfer krank, jetzt fliegt er wieder durch den Schrank.

Hoppelpoppel und andere geheime Gerichte zum Gesundpflegen kleiner Helden

Wer krank ist, gehört zum Arzt gebracht. Wer vom Arzt kommt, hat vielleicht die Anweisung bekommen, sich ins Bett zu legen und dort schön liegen zu bleiben.
Das ist für die meisten Jungen jedoch gar nicht so leicht. Dabei gesundet der Körper am schnellsten, wenn er die Gelegenheit bekommt, seine kompletten Kräfte auf den Heilungsprozess zu konzentrieren.

Im Bett herumliegende Menschen brauchen deswegen Schonkost. Darunter versteht man zunächst alle Speisen, die dem Verdauungstrakt möglichst wenig abverlangen: Tee und Breichen, vielleicht noch Zwieback! Igitt! Doch es gibt auch noch ein Leben nach dem Haferschleim. Ein Leben mit leckeren Gerichten, die nicht nur den Körper entlasten, sondern zudem noch etwas zu seiner Gesundung beitragen. Diese Phase fängt dann an, wenn man zwar noch liegen muss, sich aber schon einen Hauch besser fühlt. Dann sollte man weiterhin sehr viel trinken und nur mäßig essen – die richtigen Sachen natürlich. Denn, wie schon der Gelehrte Philippus Aureolus Theophrastus Bombastus von Hohenheim (1493–1541, besser bekannt als Paracelsus) sagte: „Eure Nahrungsmittel sollen eure Heilmittel sein!"

VIEL TRINKEN UND EIN KLEINER IMBISS

Früher glaubte man, dass kranke Kinder besonders viel Aufbaunahrung benötigten, und drängte ihnen nicht selten große Mengen fetter und schwerer Speisen auf – gut gemeint, aber leider falsch. Ein Junge, der das Bett hüten muss, hat einen stark herabgesetzten Grundumsatz und belastet seinen Stoffwechsel bereits, wenn er einfach nur normal weiter isst. Besser ist es, viel zu trinken und gelegentlich kleine Imbisse zu verdrücken. Am schnellsten gesundet, wer Dinge wie verdünnten Fruchtsaft und säurearmes Obst zu sich nimmt, wer etwas Gemüsebrühe mit Glück bringenden Nudeln schlabbert und kleine Brothäppchen dazu futtert, die zum Beispiel mit fettarmem Käse und hauchdünnen Gurkenscheibchen belegt sind.

Der Stoffwechsel eines an sich bewegungsfreudigen Jungen, der nun im Bett liegen soll, macht eine Art Vollbremsung durch, von hundert auf null. Darunter leidet auch die Verdauung. Eine Verstopfung aber verzögert möglicherweise den Heilungsprozess. Abhilfe schaffen rohe Möhren. Gedünstete, die auch gesund sind, haben eher den gegenteiligen Effekt und sind bei moderatem Durchfall angesagt. Der nachfolgende Salat enthält geraspelte Möhren und schmeckt so gut, dass sogar wieder gesundete Jungen noch danach verlangen werden.
Seltsamerweise mögen viele europäische Kinder keine Rosinen, amerikanische Kinder dagegen schon. Am besten niemanden zu etwas drängen! Bei diesem Rezept geht es um die verdauungsanregenden Möhrchen, alles andere ist egal.

Kalifornischer Rohkostsalat

ZUTATEN *(für einen kranken Jungen und ein das Kind hütende Elternteil)*

2 milde Äpfel
2 Karotten (es dürfen auch die alten, knurpseligen sein, an deren kräftig roter Farbe man erkennt, dass sie besonders viel Vitamin A enthalten)
1–2 EL Rosinen (10 Minuten lang in etwas Apfelsaft eingeweicht)
1 TL Limonensaft
1–2 TL Ahornsirup
1–2 EL Schmant

ZUBEREITUNG

- Äpfel schälen. (Wir wissen auch, dass die Vitamine unter der Schale sitzen. Aber erstens sind das nicht so viele, wie man gemeinhin glaubt, und zweitens mögen kranke Jungen keinen Rohkostsalat, aus dem Teile der spelzigen Schale hervorschauen.)
- Apfelfleisch grob raffeln und sofort mit dem Limonensaft und dem Ahornsirup vermischen.
- Möhre fein reiben und darunter heben.
- Rosinen gut ausdrücken und unter die Rohkost mischen.
- Zum Schluss den Schmant unterrühren.

Etwas gesündere kranke Helden haben oft auch sehr schnell wieder Appetit auf Rührei mit Toast, kleine papierdünne Pfannkuchen mit Erdbeermus und auf Spaghetti mit einer sanften Tomatensauce. Wenn nicht gerade der Arzt etwas verboten hat, gilt bei kranken Helden immer der Grundsatz: Wer Appetit auf eine bestimmte Speise hat, der bekommt sie auch. Junkfood allerdings, das den Körper immer sehr stark belastet, sollte es auf dem Krankenlager besser nicht geben: bei Pommes, Hähnchencrossies, Hamburger und Hotdogs im Bett hört der Spaß auf. Wer das vertragen soll, der muss schon grundgesund sein. Ebenso sollte man auf Softdrinks aller Art verzichten, die allein schon wegen der Kohlensäure zu Bauchgrimmen führen können, wenn der Körper einfach nur so herumliegt und nicht bewegt wird. Vor allem aber ist der hohe Zuckeranteil bei Softdrinks nachteilig, weil er im Liegen nicht so schnell verbrannt werden kann, wie es sein sollte.

Was aber ist mit süßen Kindergerichten wie Milchreis mit Zimt und Zucker, Pflaumenknödeln mit Buttersauce und Armen Rittern mit Karamell? Ist das auch Junkfood? Nein. Ist es nicht. Es ist nur fett und schwer. Speisen mit Zimt allerdings sind sogar für Kranke sehr gesund, weil Zimt antibakteriell wirkt. Wer sich freilich schon wieder mit Puddings, Klößchen und Klöpschen den Bauch vollschlagen kann, der muss sich auch die Frage gefallen lassen, ob er denn nicht auch kurz aufstehen und etwas an die frische Luft gehen könnte.

Gesund, lecker und speziell bei Halsschmerzen sehr gut essbar ist selbst gemachtes Eis. In vielen Ländern glaubt man, dass das kühle Eis das Fieber von Kindern senken kann, dass es einen wehen Hals beruhigt und dass es besser ist, etwas Eis herunterrutschen zu lassen, als gar nichts zu essen.

Das ist sogar in Alaska so. Auch dort gibt man kranken Jungen „Agutuk“, die alaskische Eiscreme, die im Originalrezept aus Seehundöl, Elchfett und Blaubeeren hergestellt wird und ihren Charme durch eine Schippe Pulverschnee bekommt. Aber moderne Inuit bereiten dieses besondere Eis aus dem Land des Eises natürlich auch nach einem modernen Rezept zu. Dabei werden Margarine, Zucker und Blaubeeren vermischt und mit einer Schaufel Schnee aufgeschlagen. Um den typischen Eskimo-Eisgeschmack zu erzeugen, essen halswehkranke Inuitjungen dazu ein paar Streifen Räucherlachs.

Doch auch dieses Rezept hat in den vergangenen Jahren eine Modernisierung erfahren. Es heißt jetzt zwar immer noch Agutuk, aber es ist schon weit von dem fischigen Original entfernt. Wir haben bislang erst einen einzigen

GEGEN HALSSCHMERZEN:

Eskimoeis

europäischen Jungen gefunden, der das mag, dafür aber bei einem abendlichen Essen mit Erwachsenen großen Beifall gefunden. Ausprobieren! Schon, um das große Unterhaltungsbedürfnis des gesundenden Jungen zu befriedigen.

Allein von der Lektüre des Rezeptes wird manch einer freiwillig wieder gesund. Alle anderen sollten das Erdbeereisrezept probieren, das Christoph einmal einer alten Landfrau abgeluchst hat. Es schmeckt wunderbar, und

Agutuk

ZUTATEN *(Vorspeise für vier Personen)*

1 kleine Dose Thunfisch ohne Öl
60 g sehr weiche Butter
2 Eiweiß
100 g Blaubeeren
4 kleine Blätter Chicorée
1 EL brauner Zucker

ZUBEREITUNG

- Thunfisch eventuell abtropfen lassen und mit der Gabel zerpflücken.
- Die beiden Eiweiß sehr steif schlagen und mit der weichen Butter vermischen.
- Die Thunfischmasse unter die Eiweißmasse heben.
- Blaubeeren verlesen, waschen und unter die Creme heben.
- Im Eisfach des Kühlschranks 1 Stunde anfrieren lassen. Währenddessen zweimal umrühren.

Agutuk auf vier kleine Chicoréeblätter verteilen, mit braunem Zucker überstreuen und als Vorspeise vor einem Fischgericht servieren.

jeder kann es selber herstellen, da man noch nicht einmal eine Eismaschine braucht, um es zuzubereiten. Für Kranke ist das Eis auch deswegen so empfehlenswert, weil es frische Früchte enthält und damit eine Menge guter Inhaltsstoffe; zudem ist der Zucker- und der Fettanteil nicht ganz so hoch wie bei manchen gekauften Eiscremes. Besonders bei „trockenen“ Halsschmerzen ist es wohltuend. Wenn man zudem auch noch einen feuchten Husten hat oder eine triefende Nase, sollte man es lieber nicht essen. Denn alle Milchprodukte sind schleimbildend.

Nach dem Landfrauenrezept lässt sich auch wunderbares Eis aus Wasser- oder Honigmelonen herstellen. Dabei das Melonenfleisch in spielwürfelgroße Bröckchen schneiden und vorfrieren lassen. Wenn man andere Früchte für dieses Rezept verwenden will, sollte man sich an folgende Regeln halten: Falls das Eis sehr säurereiches Obst enthält, lieber die Sahne weglassen. Himbeeren oder Brombeeren, die ja kleine Kernchen haben, lieber nicht verwenden. Solches Eis wird nämlich doch in der Eismaschine besser, wenn es auf der Basis von Fruchtsaft oder durchpassiertem Fruchtmus hergestellt wird.

Landfrauen-Erdbeereis

ZUTATEN *(für drei kleine Portionen)*

150 g gewaschene, trockengetupfte und danach entstielte Erdbeeren
75 g Puderzucker
75 g Schlagsahne

ZUBEREITUNG

- Erdbeeren auf dem Deckel einer Plastikdose ausbreiten und im Eisfach etwa 1 Stunde lang anfrieren lassen. Danach mit dem Puderzucker zu einer glatten Creme pürieren und die Sahne unterheben.
- In eine kleine Plastikdose füllen und im Gefrierfach ca. 3 Stunden lang zu Eis erstarren lassen. Dabei alle halbe Stunde umrühren, um die Eiskristalle zu lösen, oder noch einmal mit dem Pürierstab auflockern.

Dieses Eis kann man nicht lange aufbewahren; man sollte es schnell essen, möglichst noch am Tag der Zubereitung. Am nächsten Tag lieber neues machen.

Da es ganz schnell geht, ist das bestimmt möglich.

ANANASSAFT WIRKT WUNDER!

Hervorragend gegen Halsschmerzen wirkt auch frischer Ananassaft, aus einer echten, frischen Ananas, nicht aus dem Tetrapak. Früher wurde frischer Ananassaft in den Tropen gegen Infektionskrankheiten wie Diphtherie eingesetzt. Falls der Arzt es erlaubt, kann man die beeindruckende Wirkung beim nächsten Anfall von Halsschmerzen einfach mal selbst ausprobieren. Dazu eine frische Ananas klein würfeln, den Saft auffangen. Das Fruchtfleisch pürieren und über einer Schüssel durch ein feines Sieb streichen. Sehr viel Saft wird das möglicherweise nicht werden. Je nach Größe der Ananas vielleicht drei kleine Gläser voll. Nicht zu stark kühlen. Nicht alles auf einmal trinken, nur in kleinen Schlucken zu sich nehmen.

In Thailand heilt man Kranke bis heute mit Kokosnuss-Suppe auf Hühnersuppenbasis. In der Südsee nannte man die Kokosnusspalme sogar den „Baum des Lebens", weil er in einem Mann angeblich die männlichsten Kräfte hervorbringt. Aber natürlich wurden das klare Kokoswasser im Inneren der Nuss, die weißliche fette Milch, die man erst herstellen muss, und das zarte weiche Fleisch auch von Frauen genossen.

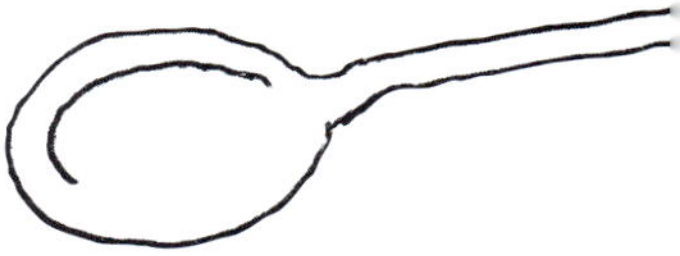

KOKOSSÜPPCHEN – BABYLEICHT

Speziell bei Darmerkrankungen hilft so ein Kokossüppchen sehr gut. Die dicken ungeschälten Kokosnüsse kann man bei uns leider nicht kaufen. Sie sind nicht besonders gut haltbar. Das ist sehr schade, denn sie enthalten eine Menge gesundes Kokoswasser. In tropischen Ländern kann man dieses Kokoswasser in sterilisierter Form sogar in Apotheken kaufen. Es wird oft an neugeborene Babys verfüttert, die keine Fertigmilch vertragen und deren Mütter sie nicht stillen können.

KOKOSNUSS IN DER KÜCHE

Im Süden Thailands werden die Kokosnüsse, die an haushohen Palmen wachsen und gelegentlich von selbst herabfallen und Menschen erschlagen, von extra dressierten Makakenäffchen geerntet.

Aber selbst da, wo die Kokosnuss herkommt, kann man keine „Kokosmilch“ kaufen. Die Flüssigkeit in den Kokosnüssen ist nämlich Kokoswasser. Das, was sich in den käuflichen Dosen im Asialaden befindet, nennt sich meist „Creme of Coconut“ und ist aus dem fetten Kokosfleisch hergestellt, aus dem auch das Palmöl zum Braten gemacht wird. Richtige Kokosmilch, die man zum Kochen braucht, kommt in der Natur nicht vor, man muss sie immer selbst herstellen. In vielen Ländern verkaufen kleine Händler sie auch auf Märkten. Bei uns leider nicht.

Im Winter gibt es aber auch bei uns fast immer die haarigen braunen Kokosnüsse, die eigentlich nur deren Kerne sind, denn Kokosnüsse sind botanisch gesehen nicht einmal richtige Nüsse, sondern Steinfrüchte. Im Geschäft unbedingt durch Schütteln herausfinden, welche Kokosnuss die meiste Flüssigkeit enthält. Bei frischen Kokosnüssen ist das ein ganzer Liter. Wenn es sich so anhört, als ob noch ein Tässchen davon drin ist, kann man einen Kauf erwägen.

An ihrer Oberseite haben Kokosnüsse drei schwarze Augen. Zwei davon kann man sehr gut mit einem Korkenzieher aufbohren; das Kokoswasser dann einfach herausfließen lassen.

Leider ist das Kokoswasser in diesen Kokosnüssen auch oft schon verdorben. Sicherer ist: die sehr viel fettere Kokoscreme in Dosen kaufen und nur die etwas flüssigere Substanz, nicht aber das dicke schwere Fett verwenden, das sich am Rand abgesetzt hat. Noch besser: Kokosmilch selber machen.

Die Heilwirkung der Kokosnuss liegt an den vielen Mineralien in der Kokosmilch. Zudem mundet die weiche Süße des typischen Geschmacks auch noch den wehleidigsten Hungerkünstlern, die sich vor allem und jedem ekeln und angeblich gar keinen Appetit haben. Das Beste an der Kokosnuss ist aber der hohe Selengehalt. Selen ist ein Spurenelement, dessen segensreiche Wirkungen noch gar nicht sehr lange bekannt sind. Es wirkt als stärkste Schutzpolizei des Körpers. Normalerweise kommt es im Erdboden vor und gelangt über die Nahrungskette in unsere Lebensmittel. Die Böden in Deutschland enthalten in vielen Regionen nur sehr wenig Selen, zudem sind sie

Selbst gemachte Kokosmilch

***ZUTATEN** (für einen knappen halben Liter)*

150 g feine Kokosflocken (aus dem Backregal; oder frisches Kokosfleisch, aus der Kokosnuss herausgeschreddert)
½ Liter Wasser
1 Prise Salz

ZUBEREITUNG

- Kokosflocken in einer flachen Schale ausbreiten und mit sprudelnd kochendem Wasser übergießen, dem die Prise Salz zugefügt war.
- Mit Folie abdecken und 1 Stunde stehen lassen.
- Kokosflocken in ein Tuch löffeln und über einer Schale ausdrücken, sodass sämtlicher Kokossaft herausläuft.

⅛ Liter gewonnene Kokosmilch erhitzen und einfach in einen Teller heiße Hühner- oder Gemüsebrühe geben und dem Kranken servieren. Vielleicht gefällt dem kranken Helden der Gedanke, dass es sich bei der Kokosnuss um eine seit 4000 Jahren bekannte typische Männerstärkungsfrucht handelt.

durch intensiven Landbau teilweise sehr ausgelaugt. Über die normale Nahrung nehmen wir – gesunde Mischkost und emsigen Getreidekonsum vorausgesetzt – nur einen Wert auf, der bestenfalls an der Untergrenze der empfohlenen Tagesdosis liegt.

Selen ist für alle Menschen wichtig. Aber vor allem bei der Ernährung von kleinen und großen Männern sollte es eine große Rolle spielen. Neuere Untersuchungen beweisen nämlich, dass das Selen bei der Vorbeugung von Prostata- und auch stressbedingtem Magenkrebs eine sehr große Rolle spielt. Männer, die ausreichend Selen im Blut haben, erkranken zum Beispiel nur halb so oft an Prostatakrebs

wie diejenigen, die einen zu niedrigen Selenspiegel haben. In hohen Konzentrationen ist Selen fast nur in Nahrungsmitteln enthalten, die viele Jungen nicht gerne essen: in Innereien wie Nieren und Leber, in Rotbarsch, in Butter – aber eben auch in Kokosmilch. Vielleicht ist es eine gute Idee, Jungen rechtzeitig an den Geschmack der gesunden Kokosnuss zu gewöhnen. Wenn es schon nicht gelingt, ihnen Nierchen aufzutischen.

Eine andere speziell der Heilung von Männern gewidmete Pflanze ist die Avocado. Da, wo sie herkommt, in Mexiko nämlich, heißt sie „ahuacate", was so viel heißt wie „Hoden", und so ähnlich sehen die Früchte ja auch aus. Sie wachsen paarweise hängend an Zweigen.

AVOCADOS BAUEN AUF

Die Avocado war schon den Inkas, den Mayas und den Azteken bekannt. Die Frucht dieser bemerkenswerten Pflanze wurde gern an Krieger verfüttert, die von den Austragungsorten ihrer Stammesfehden zurückkehrten und meist mehr oder minder pflegebedürftig waren. Aber sie dienten auch als Aufbaunahrung für zarte Kinder.

Denn Avocados sind wahre Kalorienbomben. Es genügt, ein wenig davon zu essen, um sich schon viel kräftiger zu fühlen. Und sie sind sehr fett. Hundert Gramm Avocadofleisch enthalten fast 25 Prozent Fett – allerdings fast nur das leicht verdauliche, aus den mehrfach ungesättigten Fettsäuren bestehende.

Wenn man einen kränkelnden Jungen dazu kriegen will, eine Avocado zu essen, dann vielleicht so: Avocado rundum einschneiden und die Hälften auseinander drehen. Den Stein mit einem Messer leicht anheben und heraushebeln. Eine Avocadohälfte in ein Puddingschälchen in der richtigen Größe einzwängen, sodass sie nicht hin und her flutscht, wenn die Avocado im Bett hockend gegessen wird. Mit einem halben Teelöffel Zitronensaft, einem Teelöffel Sesamöl und etwas Salz und Pfeffer würzen. Gegessen wird die Wunderfrucht mit einem Löffel.

Falls sie denn weich genug ist. Wer Zeit und Muße hat, sollte eine noch feste Avocado mit makelloser Schale kaufen (es gibt sie grün, braun und rostrot) und zu Hause etwas nachreifen lassen. Falls die Zeit drängt, kann man auch einen Apfel neben der Avocado lagern. Dann geht der Reifungsprozess schneller. Das liegt an dem Ethylen, einem reifestimulierenden Stoff, den der Apfel verströmt. Eine gut essbare Avocado hat die Konsistenz kühlschrankkalter Butter, sie gibt also auf Fingerdruck leicht nach. Das sollte man allerdings nicht mehr als einmal machen. Denn unter dem Daumenabdruck entsteht bei der empfindlichen Avocado später eine braune Stelle. Manche Jungen mögen Avocados auch süß. Dazu die entkernte Hälfte mit einem Teelöffel Ahornsirup beträufeln.

Die meisten Betthüter sind wahrscheinlich für Experimente nicht sehr aufgeschlossen und haben nur auf diejenigen Speisen Appetit, die sie bereits kennen. Auch deswegen sollte man sich bemühen, kleinen Jungen bereits in gesunden Tagen eine Reihe von einigermaßen gesunden Gerichten anzugewöhnen und immer auf Abwechslung zu achten.

Dazu gehört es auch, den Konsum von Softpops und anderen zuckrigen Erfrischungsgetränken möglichst nicht zur Sucht werden zu lassen. Viele Vorlieben von Menschen bilden sich dann heraus, wenn sie mit positiven Erlebnissen aus einem anderen Bereich verbunden sind. Wenn ich einen tollen Nachmittag mit Freunden verbringe, die ich sehr bewundere, schmeckt mir vielleicht auch das, was sie essen und trinken.

SELTEN LECKER!

Auch eine gewisse Verknappung führt manchmal zu einer Vorliebe für bestimmte Speisen. So haben uns unsere Großväter über die Zeit nach dem Zweiten Weltkrieg erzählt, wie unglaublich süß und saftig die erste Orange nach der Zeit der Kargheit schmeckte. In den Fünfzigerjahren des vorigen Jahrhunderts brach in Deutschland eine regelrechte Fresswelle aus. Nach Jahren des Hungers mundeten plötzlich fette und süße Speisen besonders gut und dicke Leute nannte man jetzt „stattlich".

Tricks aus der Psychokiste

Fast alle Tiere und die meisten Menschen zeigen ein Verhalten, das die Psychologen „Neophobie" nennen, die Angst vor Neuem. Forscher haben schon Ende der Siebzigerjahre herausgefunden, dass Menschen stattdessen die Speisen bevorzugen, mit denen sie den meisten vertrauten Kontakt hatten. ***TIPP:*** *Auch wenn der Salat von den Kindern nicht gegessen wird, trotzdem unverdrossen weiter zur Verfügung stellen und kritische Blicke der Kinder oder Gemecker nicht kommentieren.*
Wir wissen heute, dass sich in Familien und anderen Gruppen oft gleiche Nahrungsmittelvorlieben herausbilden. ***APPELL:*** *Selbst so essen, wie man es sich von den Jungen wünscht.*

Viele dieser Mechanismen kann man sich auch zu Nutze machen, wenn man kleinen Jungen zum Beispiel angewöhnen will, auch mal andere Getränke als nur immer Cola zu schlürfen. Am heißesten aller heißen Sommertage schmeckt bestimmt eine brasilianische Limonade, und vielleicht hinterlässt das Erlebnis, dass der kühle, frische Saft die Kehle herunterrinnt, eine so positive Erinnerung, dass zukünftig gern selbst gemachte Limonade getrunken wird. Diese Limonade enthält zwar auch Zucker, aber nicht so viel wie gekaufte Erfrischungsgetränke. Frisch gepresster Zitronensaft ist in Stress-Situationen wie in Zeiten der Krankheit besonders gesund, weil dann zur Bildung von Neurotransmittern mehr Vitamin C benötigt wird. Zudem wirkt Vitamin C entzündungshemmend und auch fiebersenkend bei Grippe.

Kleine Jungen, die nach ihrer Männerrolle suchen, werden von den Essgewohnheiten größerer und bewunderter Jungen und Männer sehr stark beeinflusst.

***APPELL AN VÄTER:** Vorbild sein. In vaterlosen Familien: Sportler und andere Helden als Ernährungsvorbilder aufbauen.*

Man weiß heute, dass es zu einer gesteigerten Lust auf ein Nahrungsmittel führt, wenn dieses als Belohnung eingesetzt wird.

***TIPP:** Schokolade, Cola und Schlimmeres nicht als Gratifikation für bestimmtes Wohlverhalten einsetzen, sondern lieber „einfach so“ gelegentlich mal erlauben, ohne daraus eine große Affäre zu machen. Auch Verknappung führt zu einer Steigerung der Nachfrage. Süßigkeiten und Sodapops nicht zusätzlich auch noch in der Menge beschränken – sonst kann die Gier darauf leicht übergroß werden. Lieber zu einer bestimmten Zeit generell erlauben – zum Beispiel freitagabends.*

Brasilianische Limonade

ZUTATEN

8 Limonen (oder 6 Zitronen)
2 Liter Eiswasser
7 EL Zucker

ZUBEREITUNG

- Zitrusfrüchte heiß abwaschen (wenn sie nicht gespritzt sind, sind sie gewachst!), für mehr Saft mit der flachen Hand auf dem Tisch rollen, zweiteilen und auspressen.
- Zucker und Fruchtsaft in einem Glasgefäß miteinander vermischen und mindestens 3 Minuten rühren. Mit Eiswasser auffüllen und nochmals kräftig umrühren. Nicht weiter herunterkühlen.

Aus kleinen Gläsern (Verknappung!) servieren. Zum Umrühren kann man auch sehr gut kleine Zweige frischer Minze nehmen.

In vielen Gemüsen und Früchten und zum Teil auch in Fleisch verbergen sich Inhaltsstoffe, die Entzündungen aus dem Körper treiben und den Heilungsprozess anregen. Welche Inhaltsstoffe das genau sind und wie sie wirken, untersuchen Biochemiker und Mediziner in den letzten Jahren verstärkt. Es scheint ein tief verwurzelter Volksglaube zu sein, dass für alle Krankheiten auf der Welt auch irgendwo ein Kraut gewachsen ist, zumeist ist das eine Frucht.

KRAFTBOMBE

Viel Gutes berichten Mediziner zum Beispiel über die Papaya. Der in ihr enthaltene Stoff Papain zersetzt komplexe Eiweißstrukturen und wirkt gegen allerlei Krankheiten des Darmes, gegen Pilze, Parasiten und Bakterien. Bei Durchfall ist die Papaya auch deswegen gesundungsfördernd, weil sie dem Verlust von Mineralien entgegenwirkt. Zum Servieren die Papayas schälen, in der Mitte durchschneiden und mit einem Löffel die schwarzen

Kernchen herausschaben. Fruchtfleisch würfeln und mit etwas Zitronensaft säuern. Mit Bananenscheibchen mischen und einen Fruchtsalat daraus machen. Sehr gut schmeckt Papaya auch mit Mozzarella und Basilikum und mit einer leichten Sauce aus Olivenöl, Zitrone, Salz und Pfeffer. Wer krank ist und mit der Papaya bislang keinen näheren Kontakt hatte, mag vielleicht dieses kühle Papayagetränk:

Agua Fresca de Papaya

ZUTATEN:

3 reife Papayas
4 EL Zucker
2 EL Zitronensaft
¾ Liter Wasser

ZUBEREITUNG

- Papayas schälen, halbieren, entkernen und das Fruchtfleisch würfeln.
- Mit dem Zucker und dem Zitronensaft pürieren.
- Das Wasser langsam hinzugeben.
- Saft etwa ½ Stunde lang gekühlt stehen lassen, dann durch ein sehr feines Sieb sieben.
- Den so entstandenen Saft über Eiswürfel in vier Gläser gießen. Der Saft schmeckt besonders gut, wenn man noch ein paar Basilikumblätter darin herumschwimmen lässt.

KRUMME DINGER

Die klassische Krankennahrung ist die Banane. Wegen ihres hohen Magnesiumgehaltes wirkt sie allgemein entspannend und speziell gegen Wadenkrämpfe. Zudem enthält sie Serotonin, einen Stimmungsaufheller. Eine bestimmte Aminosäure, das Tryptophan, macht glücklich und wirkt Überreiztheit entgegen. Zudem ist die Banane leicht bekömmlich. Das krumme Dinge aus den Tropen ist übrigens zu Beginn seines Wachstums keineswegs krumm, sondern gerade. Erst später strecken sich die Früchte unter den Blättern hervor der Sonne entgegen und biegen sich so nach oben.

Noch vor vierzig Jahren gab man kranken Jungen, die aufgebaut werden sollten, überall in Deutschland eine Speise namens Hoppelpoppel, die aus mit Zucker aufgeschlagenem rohen Eigelb und Rotwein bestand, manchmal kam sogar noch ein Schuss Cognac hinein. Das italienische Äquivalent zu dieser Rosskur heißt „Grappa con miele e zucchero“ und besteht aus einem Drittel Grappa, zwei Dritteln kochend heißer Milch und einem Esslöffel Zucker oder Honig. Falls diese Gesöffe überhaupt eine Wirkung haben, dann dürften sie vornehmlich auf Väter und Mütter wirken, die nachts bei ihren Sprösslingen gewacht oder sich gar angesteckt haben und nun selbst der Aufmunterung bedürfen.

DREI MÄRCHEN VOM GESUNDEN ESSEN

1

Rohes Gemüse ist viel gesünder als gekochtes. Und zwar für Kaninchen. Nur die können nämlich in ihrem besonderen Magen die Wände der Pflanzenzellen richtig aufschließen. Unsereins bekommt bei blanchiertem und hinterher in Butter geschwenktem Gemüse die meisten Vitalstoffe ab.

2

So genanntes „natürlich angebautes“ Gemüse ist auf jeden Fall gesünder als konventionell angebautes. Und zwar vornehmlich für den Bauern. Ob der Stickstoff, mit dem die Felder gedüngt werden, aus der Güllelagune kommt oder aus dem Chemiefässchen: chemisch ist es das Gleiche. (Nicht verwechseln mit ökologischem Landbau, bei dem es gar nicht erst eine Güllelagune gibt, sondern eine Mischwirtschaft ohne Massentierhaltung. Beim Kauf dieser Gemüse auf die Gütesiegel „demeter“ oder „bioland“ achten.)

3

Ein guter, engagierter Koch ist daran zu erkennen, dass er einen Kochlöffel in der Hand hat und viel in Töpfen rührt. Stimmt nicht! Durch das Umrühren gerät kalte Luft unter das Kochgut und es gart langsamer. Während des längeren Garprozesses gehen auch mehr Vitamine flöten. Allerdings ist ein kochender Kochtopf auch kein Dekorationsgegenstand, der einfach nur so dastehen sollte. Es sind schon viele Speisen misslungen, weil zu wenig umgerührt wurde. Spaghetti muss man, nachdem sie ins heiße Wasser geworfen wurden, mindestens zweimal umrühren. Auch Milchreis möchte gelegentlich gerührt werden. Normaler Reis, Polenta und Couscous hingegen gelingen mit der richtigen Wassermenge ohne Rühren im geschlossenen Topf.

DIE INDISCHE ART – DAS SÜSSE ZUERST

Im Ayurveda, der indischen Gesundheitslehre, die auch bei uns sehr viele Anhänger gefunden hat, wird empfohlen, den Nachtisch vor dem eigentlichen Menü zu essen. Die meist süße und fette Speise soll durch den hohen Anteil an einfachen Kohlehydraten das Verdauungsfeuer schnell entfachen, mit dessen Hilfe dann der Hauptgang ruckzuck verstoffwechselt werden kann.

DIE CHINESISCHE ART – DAS SÜSSE VERSTECKT

In der traditionellen chinesischen Küche haben süße Desserts keinen großen Stellenwert. Wenn man sie schon isst, dann werden sie zu den Hauptspeisen gereicht.

DAS SCHLIMMSTE ZULETZT

Insekten wie Larven, Libellen, Heuschrecken, Käfer oder Bienen gehören in vielen Küchen dieser Welt zu den Haupteiweißlieferanten und gelten besonders für Kranke als sehr nahrhaft. In Europa war die Insektenküche wegen der kühlen Temperaturen und der wenigen Insekten nie wirklich heimisch. Bis auf eine Ausnahme. Diese betrifft die Maikäfersuppe, eine Kraftsuppe, die bis ins zwanzigste Jahrhundert hinein vor allem in bewaldeten Gebieten (der Heimat der Maikäfer) von ärmeren Leuten gegessen wurde. Im Krankheitsfall galt sie jedoch auch wohlhabenden Bürgern als Kraftspeise. Pro Person rechnete man 30 Maikäfer, die entflügelt und in Butter angeröstet wurden, bevor man das Gericht mit Brühe ablöschte und simmern ließ. Wer vorsorgen wollte, legte die Maikäfer schon im Mai in Honig ein, um damit der Erkältungssaison im Winter trotzen zu können. Nach dem Durchsieben wurde die Maikäfersuppe mit Sahne und Branntwein verfeinert. Sie soll so ähnlich oder gar besser schmecken als Krebssuppe und vor allem Kindern und Patienten mit Nervenfieber wieder auf die Beine geholfen haben. Wir selber haben uns trotzdem nicht getraut.

Vom Aussterben des Heimwehs …

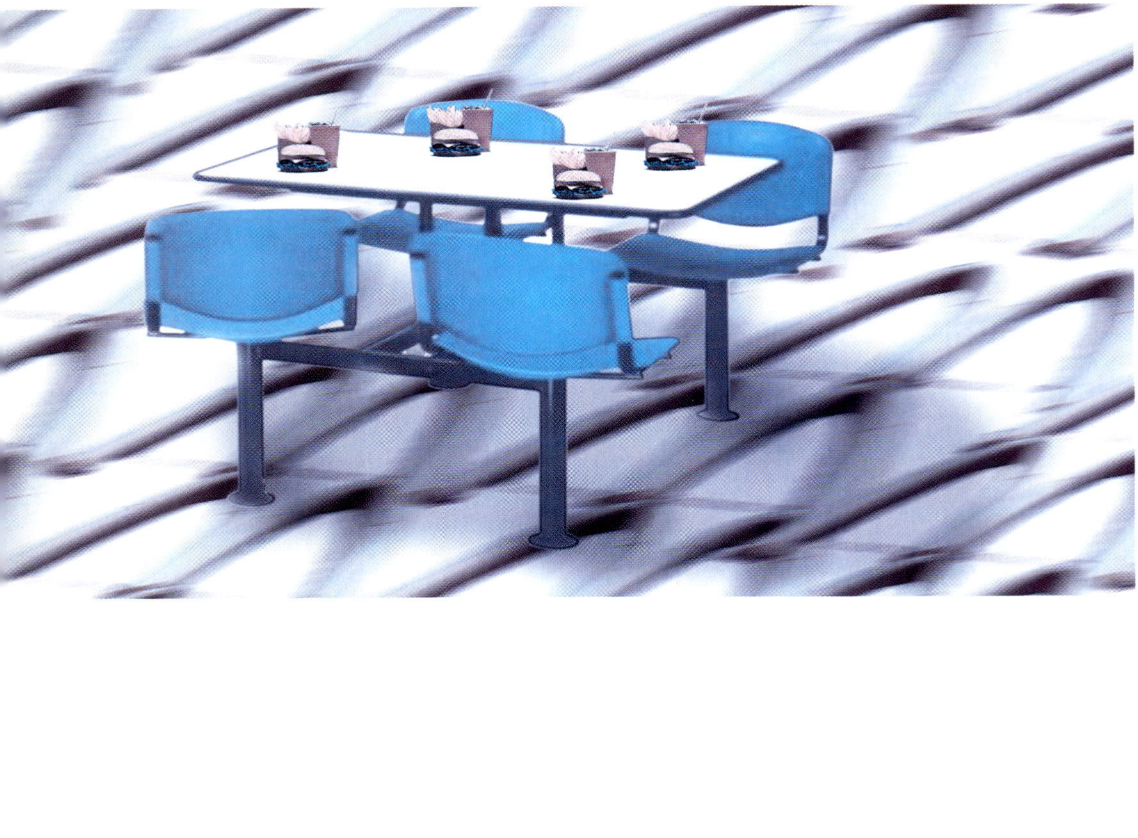

9

... bedrohte Lieblingsgerichte aus aller Welt

Es ist noch gar nicht so lange her, dreißig oder vierzig Jahre vielleicht, da war die Welt so bunt wie ein Flickenteppich, vor allem auch in kulinarischer Hinsicht.
Die frischen Tortellini mit Rauke schmeckten nur in dem kleinen Bergrestaurant im Cinque Terre original nach Urlaub, die Kürbis-Sushi nur in einer Vorstadt von Tokio. Dass man in Australien wirklich Kängururagout gegessen hatte, glaubte einem zu Hause sowieso keiner, auch nicht das Schlangenfilet mit Ananassauce in Sulawesi und den gesottenen Krokodilschwanz (filiert) in Südafrika.

Wer es in den Siebzigerjahren des zwanzigsten Jahrhunderts bis nach Indien schaffte, musste nach seiner Rückkehr nach Gelsenkirchen feststellen, dass er sich wohl bis an den Rest seiner Tage nach dem sahnigen indischen Käse Paneer sehnen würde, denn bei uns gab es ihn nicht. Weitsichtige Reisende brachten deswegen oft Gewürze, Gemüse oder andere exotische Zutaten aus fernen Ländern mit. Das war meist verboten, aber die Versuchung war einfach zu groß. Heute ist diese Art von Kleinkriminalität komplett ausgestorben. Denn man kann überall alles kaufen, und das, was man nicht kaufen kann, bestellt man sich über Spezialversandhändler im Internet.

WWW

Dafür aber gibt es die landestypischen exotischen Gerichte in den Ursprungsländern immer weniger. Seit amerikanische Fastfood-Ketten den ganzen Erdball mit ihrem Gitternetz aus Handelswegen überzogen haben, an dessen tausenden von Knotenpunkten ihre Filialen sitzen, verändern sich auch die Lieblingsgerichte der Menschen. Schon heute erklären Popstars wie Robbie Williams, dass ihr Leibgericht ein Hamburger sei. Der deutsche Superstargewinner Alexander gibt Pizza an, bei anderen Jungstars sind es immerhin noch Chicken Wings und Spaghetti Bolognese. Ein Drittel der heutigen amerikanischen Jugendlichen nennt „Maccaroni'n' Cheese" als Leibgericht, und viele ahnen nicht, dass man dieses Gericht auch selbst zubereiten kann, anstatt es als Fertiggericht in der Packung zu kaufen.

Aber auch die Entwicklung des Massentourismus in den Fünfzigerjahren des vorigen Jahrhunderts hat dazu beigetragen, dass es selbst in der Fremde nicht mehr überall fremd schmeckt. Das Reisen nämlich und der Kontakt mit dem Unbekannten liegt uns nicht allen in den Genen. Die breite Masse ist vielleicht ein wenig neugierig. Aber die Exotik muss sich doch in Grenzen halten und es darf nicht zu viel auf einmal sein. So kam es, dass an den Adriastränden vor fünfzig Jahren die deutschen Touristen nicht nur ihre Handtücher ausbreiteten. Sie verbreiteten auch ihre Geschmacksvorlieben. Zumindest beim Essen wollten sie auf Experimente verzichten. Die italienischen Strände waren ihnen schon fremd genug.

Noch heute kann man überall rund ums Mittelmeer herum Restaurants finden, die ihren Gästen Schnitzel und Knödel anbieten, Schweinefleisch und Rotkohl, Schokoladenpudding und Schwarzwälder Kirschtorte. Im südlichen Spanien und auf Inseln wie Malta, die vornehmlich ein englisches Publikum anlocken, findet man dagegen über Teller kullernde, halb aufgetaute Erbsen, gipsiges Kartoffelpüree und Pommes frites mit Essig.

Vermutlich wird es nicht mehr lange dauern, bis es kaum noch jemanden auf der Welt gibt, der so etwas Poetisches wie eine individuelle Geschmackserinnerung hat. Dabei ist der Geschmack einer bestimmten Speise fast immer mit einer Erinnerung an ein Gefühl verbunden. Als Marcel Proust in einem berühmten Roman den Geschmack von Madeleines und Lindenblütentee beschrieb, den er in seiner Kindheit gekostet hatte, konservierte er in der Geschmackserinnerung auch das Gefühl eines kleinen Jungen. Günter Grass bedichtete in der „Blechtrommel" ausführlich, wie man eine Vorstufe von Sex mit Brausepulver und Spucke auf der Hand haben kann. Und das Essen von vollreifen Früchten gilt Dichtern in vielen Ländern als metaphernspendend für die Beschreibung der Sinnlichkeit.

Wird es der Welt an Poesie mangeln, wenn unsere Söhne in dreißig Jahren erzählen, wie knusprig die Chicken Nuggets damals geschmeckt haben, als sie ihre erste Freundin das erste Mal zum Essen einluden? Wenn sie darüber fabulieren, wie die Cola dazu mundete? Oder werden ihre poetischen Kräfte dann einfach nur in einen anderen Bereich verschoben?

Die Verbindung von Essen und Erinnerung, von Gericht und Gefühl, von Stampfkartoffeln und Sentiment ist typisch männlich. Das mag daran liegen, dass in traditio-

HEIMWEH UND EKEL

Manchmal weichen die kulinarischen Vorlieben von Menschen sehr stark voreinander ab. Was dem einen schmeckt, das ekelt den anderen.

Als der schwedische Abenteurer Sven Hedin im Jahre 1895 zu seiner berühmten Wüstenexpedition aufbrach, soll er sich auch irgendwo in Asien eine Ente geschossen haben, die er über einem offenen Feuer am Spieß briet. Diese bei schwedischen Jägern geläufige Zubereitungsart ekelte Hedins tibetischen Diener so sehr, dass er sich übergeben musste.

nellen Familien viele heranwachsende Jungen nur zu den Mahlzeiten näheren Kontakt mit ihren Müttern und Vätern, zu ihren Geschwistern und zu den Freunden der Eltern haben, und dass sie diese Kontakte in guter Erinnerung behalten. Das Hordengefühl, das dabei entsteht, ist so tief und gut, dass es – in der Erinnerung – auch noch den zähesten Klops lecker erscheinen lässt. Später dann kann genau dieser Klops das gute Gefühl, das damit verbunden war, wieder hervorzaubern.

Für Menschen, die ihre Heimatländer verlassen mussten, ist der Geschmack der Speisen ihrer Kindheit oft die einzige Verbindung zu ihrer Vergangenheit. Als Mitte der Achtzigerjahre die ersten vietnamesischen „Boatpeople"

KORIANDER

Der weiche Koriander mit seinen kleinen zarten Blättchen und den langen dünnen Wurzeln gehört zu den am stärksten duftenden Gewürzpflanzen.

Auf allen asiatischen Märkten in China, Thailand und Vietnam riecht es durchdringend nach Koriander, aber auch im Jemen und in Mexiko gehört das Gewürz unbedingt in die Küche.

Seltsamerweise aber scheint es auch sehr viele Menschen zu geben, die den Duft von Koriander hassen oder so ekelhaft finden, dass es sie würgt.

Manchmal liest man auch, dass die Zuneigung oder Abneigung den Koriander betreffend angeboren sein soll.

Heute kann man Koriander auch schon in den meisten deutschen Supermärkten kaufen. Vor einigen hundert Jahren war er schon einmal in Nordeuropa zu Besuch. Das Doldengewächs gedieh wild an norddeutschen Grabenrändern, wurde wegen der braunen harten Früchte Wanzendill genannt und diente den Vorfahren der heutigen Friesen als Konservierungsmittel für Fleisch.

nach Europa kamen, siedelten sich zum Beispiel hunderte von ihnen auch in einer kleinen Stadt an der Nordseeküste namens Norden an. Es dauerte nicht lange, da hatte der örtliche Supermarkt eine große Abteilung mit vietnamesischen Speisen eingerichtet, und bald gab es dort auch die ersten vietnamesischen Restaurants.

Bis heute allerdings firmieren viele von ihnen als China-Restaurants, die lediglich eine kleine vietnamesische Spezialkarte haben. In einem durch und durch vietnamesischen Restaurant hätte es den meisten Einheimischen nicht geschmeckt. Das Essen wäre ihnen zu fremd gewesen. Meistens, so sagt man, dauert es eine Generation, bis eine bestimmte kulinarische Richtung in einem Land neu etabliert ist: Man muss als kleines Kind schon auf eine spezielle Weise gegessen haben, um die Speise auch später noch gern zu mögen.

In diesem Kapitel wollen wir eine Reihe von Heimwehgerichten vorstellen, die alle von erwachsenen Männern stammen, die irgendwie in Deutschland gestrandet sind. Viele dieser Gerichte tragen die Ferne auf eine derartig subtile Weise in sich, dass sie umgekehrt auch Fernweh auslösen können. Wie zum Beispiel die Feijoada aus Brasilien. Dieses tiefschwarze Gericht wird in brasilianischen Familien immer samstags gegessen, es ist eine Art Nationalgericht. Angeblich hat der derzeitige brasilianische Präsident Luiz Inacio Lula die Wahl auch deswegen mit

MEDITERRANE ERNÄHRUNG FÜR KINDER

Die Mittelmeerdiät scheint eines der liebsten Forschungsobjekte von Ernährungswissenschaftlern zu sein.

Auch jetzt (im Sommer 2004) verbreitet das „European Food Council“ wieder eine Studie, die die segensreichen Wirkungen der so genannten Mittelmeerdiät bestätigt. Männer – und nur die wurden untersucht – leben tatsächlich länger und gesünder, wenn sie sich mediterran ernähren. Das bedeutet: wenig Fleisch, gelegentlich Fisch, viel Gemüse, nicht ganz so viel Obst, Milchprodukte nur in Form von Käse und als Fett auf jeden Fall immer Olivenöl. Erwachsene Männer profitieren zudem von Rotwein in moderaten Mengen, für Jugendliche und Kinder tun es Korinthen und Weintrauben.

61 Prozent der Stimmen gewonnen, weil er schon vorher ankündigte, in seinem Regierungssitz sofort den französischen Koch zu entlassen. Nur seine Ehefrau könne schließlich eine echte Feijoada kochen. Und die Feijoada brauche er nun mal. Aus unbekannten Gründen mundet das Gericht auch europäischen Jungen ganz ausgezeichnet. Der Bohneneintopf wird manchmal auch mit Aroz, schlichtem gekochten Reis, gegessen.

Überall in Afrika besteht die Hauptnahrung aus Mais-, Maniok- oder Hirsebrei, der langsam über offenem Feuer gekocht wird und zu dem man

Feijoada

ZUTATEN *(für vier Personen)*

250 g getrocknete schwarze Bohnen (gibt es im Ökoladen)
1 Suppenbund
1 Lorbeerblatt
2 Zwiebeln
10 Knoblauchzehen (manche nehmen auch zwanzig!)
eventuell 1 kleine rote Chilischote
500 g gemischtes geräuchertes oder gepökeltes Fleisch (zum Beispiel Räucherspeck, ein Stückchen Eisbein, Kasseler, Räucherwürstchen)

ZUBEREITUNG

- Die schwarzen Bohnen waschen und verlesen und über Nacht in reichlich Wasser einweichen.
- Am nächsten Morgen das Wasser abschütten und die Bohnen mit frischem Wasser und einem Lorbeerblatt aufsetzen. Der Wasserstand sollte so hoch sein, dass die Bohnen 1 Zentimeter weit bedeckt sind. Der gesamte Wasserstand sollte nur bis zur Hälfte des Topfes reichen.
- Einmal aufkochen lassen, eventuell den Schaum abschöpfen und die Bohnen bei geschlossenem Deckel in 1 Stunde ganz weich kochen lassen. Währenddessen das Suppenbund putzen und alle Gemüse in kleine Würfel schneiden. Nach und nach zu den Bohnen geben.

dann ein wenig Gemüse isst. In Namibia nennt sich das Milliepap, in Mozambique Wusa und in Tansania Nshima. Auch in Südafrika gibt es diesen schweren Maisbrei. Dort heißt diese Speise Putu und sie ist ein dicker weicher Brei aus Maismehl. In der heutigen südafrikanischen Küche gibt es viele Einflüsse aus Indien, Indonesien, Malaysia und Holland, aber durch die jahrzehntelange Apartheid fast keine schwarzafrikanischen Einflüsse.

Nur der Putu bildet eine Ausnahme. Denn fast alle Menschen, die in Südafrika geboren wurden, früher und heute, sind in den ersten Lebensjahren von schwarzen Frauen betreut worden. Auch die Abkömmlinge der weißen Südafrikaner werden bis zum heutigen Tag in den ersten Lebensjahren noch häufig von schwarzafrikanischen

- Das Fleisch in einem getrennten kleinen Topf mit Wasser bedecken und ebenfalls gar kochen.
- Wenn die Bohnen weich sind, das Fleisch abtropfen lassen, klein schneiden und auch in den Bohnentopf geben, die Würste obenauf legen und alles noch einmal etwa 20 Minuten kochen, bis auch die Würste gar sind.
- Mit Pfeffer und möglicherweise mit Salz abschmecken, wahrscheinlich ist das Gericht wegen des Fleisches aber schon salzig genug. In Brasilien serviert man zu Feijoada manchmal Spalten von Zitrusfrüchten wie Orangen und Zitronen, die auf Tellern angerichtet und nebenher gegessen werden.

PUTU

Ob Brei, Grütze oder Mus: Menschen leben seit tausenden von Jahren von einer Speise, die aus mehr oder minder grobem Mehl von Körnern oder Wurzeln, aus Wasser und möglicherweise auch aus etwas Fett oder Salz hergestellt wurde. Bei den alten Römern hieß der Paps Pulmentum, die Azteken kannten eine frühe Form der Polenta, die Menschen in der Ukraine essen Kasha. Noch heute ernähren sich 50 Prozent der Weltbevölkerung auf der Basis von Getreidebrei. Bis vor hundert, zweihundert Jahren war das auch bei uns so. Das Gemüse dazu ist ein Luxus.

Nannys versorgt – die ihnen täglich Putu kochen. So ist dieser dicke Maisbrei in Südafrika auch ein Symbol – eine Universalie der Kinderaufzucht, die keinen Unterschied macht zwischen Schwarz und Weiß. Afrikaner in Deutschland sehnen sich nicht selten nach Putu – auch wenn der ursprünglich eine Speise der Hungrigen und der Armen ist. Vielen mitteleuropäischen Jungen schmeckt vor allem die Version mit der Gemüsesauce.

Milliepap & Train-Smash

ZUTATEN *(für sechs Personen)*

500 g Maismehl
1 TL Salz
4 Zwiebeln
1 Dose Tomaten (400 g)
1 EL Essig
1 EL Zucker
1 EL Butter
1 TL Mehl

ZUBEREITUNG

- 1 Liter Wasser mit dem Salz in einem dickwandigen Topf zum Kochen bringen und das Maismehl auf einmal hineinschütten, sodass es sich wie ein Kegel in der Mitte auftürmt.
- Temperatur zurückstellen, Deckel drauf und langsam weiterkochen lassen.
- Alle paar Minuten mit einer Gabel etwas auflockern und umrühren.

Das ***PUTU*** ist nach etwa 40 Minuten gar. Dann hat es die Konsistenz von dickem Griesbrei.

Für das ***TRAIN-SMASH:***

- Die Zwiebeln schälen und fein würfeln und in der Butter blond werden lassen.
- Das Mehl darüber streuen, leicht anrösten und mit dem Essig, dem Zucker und den Tomaten verrühren. Mit Salz und Pfeffer abschmecken.

Für Train-Smash gibt es tausend Rezepte, oder keines. Jedes Gemüse, klein gewürfelt und eventuell vorher blanchiert wie in Kapitel 7 beschrieben, passt gut dazu.

Viele Heimwehgerichte haben die Eigenart, besonders auffällig und durchdringend zu duften. Das liegt oft an den verwendeten Gewürzen, oft aber auch an der besonderen Zubereitungsart. In Vietnam und auch in Brasilien zum Beispiel kennt man eine Zubereitungsart von Ananas, die auf den ersten Blick sehr seltsam ist, die aber durch ihren eigenartigen frisch-fruchtigen und zugleich scharfen Duft Heimweh und Fernweh auslöst, je nachdem. Dieses Gericht ist seltsamerweise ein guter Durststiller, jedenfalls für eine Weile. Ihre Eignung als Heimwehfrucht bekommt die Ananas durch ihre heilsamen Wirkungen für alle, denen etwas „auf den Magen geschlagen" ist.

Fernweh-Ananas

ZUTATEN

1 kleine frische Ananas
1 TL Salz
2 kleine rote Chilischoten

ZUBEREITUNG

- Chilischote halbieren, entkernen und in kleinste Teilchen schneiden.
- Die Ananas schälen, hochkant vierteln und den harten Mittelstrunk heraussäbeln.
- Ananasteile in etwa eurogroße mundgerechte Würfel schneiden.
- Jedes Stückchen salzen und auf jedes ein Chilipartikelchen legen.

Ein anderes Heimwehgewürz ist der Safran, der auch das Gold der Küche genannt wird. Safran ist der Blütenstaub einer bestimmten Krokusart. Um ein Gramm des gelblichen Pulvers zu gewinnen, muss man den Blütenstaub von 165 Safrankrokussen mit der Hand abernten.

DAS GOLD DES LEBENS

In manchen traditionellen arabischen Gesellschaften essen Männer safranhaltige Gerichte, Süßigkeiten aus Safran und trinken Safrantees, wenn sie die Absicht haben, ein Kind zu zeugen. Das sei hier aber nur am Rande erwähnt.

Früher wurde Safran auch wegen seiner fast magischen Wirkungen auf die menschliche Gesundheit geschätzt. So soll es dazu gedient haben, Sterbenden den Atem des Lebens wieder einzuhauchen und Lungenkranke zu heilen. Wissenschaftler haben herausgefunden, dass einer seiner Bestandteile, das Crocetin, tatsächlich Auswirkungen auf die Gesundheit hat: Es ist schmerzlindernd, blutdrucksenkend und allgemein aufmunternd.

Gerichte mit Safran werden außer in Indien und in der arabischen Welt auch in manchen Teilen Spaniens gegessen. Untersuchungen in der männlichen Bevölkerung dieser Regionen haben ergeben, dass es dort tatsächlich weniger Herz- und Kreislaufkrankheiten gibt als anderswo auf der iberischen Halbinsel. Doch unabhängig von den heilsamen Wirkungen schmeckt Safran auch besonders gut. Er passt sowohl zu Fisch und Fleisch als auch zu Suppen und zu Süßspeisen. Das schnellste Safrangericht ist eine süße Gewürzmilch, deren Duft an Wintertagen das ganze Haus mit einem Hauch von Ferne erfüllt.

Manchmal aber sind Heimwehgerichte auch viel weniger spektakulär, so wie das Gulasch von Christophs Mutter, das mit Tomaten und Paprika gekocht und mit Mehl angedickt wurde. Dazu gab es Kartoffeln. Oder wie das Abendbrot, an das Christoph sich erinnert. Heute ist schon das Wort fast ausgestorben, vermutlich, weil viele Leute abends gar kein Brot mehr essen, sondern lieber eine warme Mahlzeit einnehmen. Zu Christophs Lieblingsabendbrot aus versunkenen Zeiten gehört rohes Fleisch: Schweinemett oder Tartar. Damals, als Christoph klein war, aß man es mit Zwiebeln und Pfeffer. Heute macht sich Christoph das Fleisch mit einem rohen Eigelb, Kapern und Dijonsenf an. Und obwohl „wir das damals so nicht kannten“, ist es trotzdem ein Heimwehgericht, eben eines, das sich mit entwickelt hat.

ABENDBROT MACHT BÄCKCHEN ROT

Ein Wurst- oder Käsebrot bietet seltsamerweise die genau richtige ausgewogene Mischung von Kohlehydraten, Fett und Eiweiß. Wenn man bei den Kohlehydraten noch einfache und komplexe unterscheiden und auch eine Portion der Letzteren aufnehmen will, gehört auf so ein Brot auch noch eine Tomate in Scheibchen, eine kleine Gewürzgurke (gut auf Leberwurstbrot) oder ein in dünnste Scheibchen geschnittener Apfel, der gut auf einem Käsebrot schmeckt.

ZUTATEN *(für 4 Gläser)*

1 Liter Milch
¼ g Safran (möglichst in Fadenform)
2 Gewürznelken
¼ TL Kardamom
1 Vanilleschote
2 EL Honig

ZUBEREITUNG

- Vanilleschote aufschlitzen und auskratzen. Alle Bestandteile in die Milch geben.
- Safran, Nelken und Kardamom hinzufügen und unter Rühren kurz aufkochen.
- Vom Herd nehmen und 5 Minuten durchziehen lassen.
- Vanilleschote herausfischen und den Honig unterrühren.
- Ohne Haut in Gläser sieben.

Knigge für Knaben

10

Nimm den Fuß vom Teller!

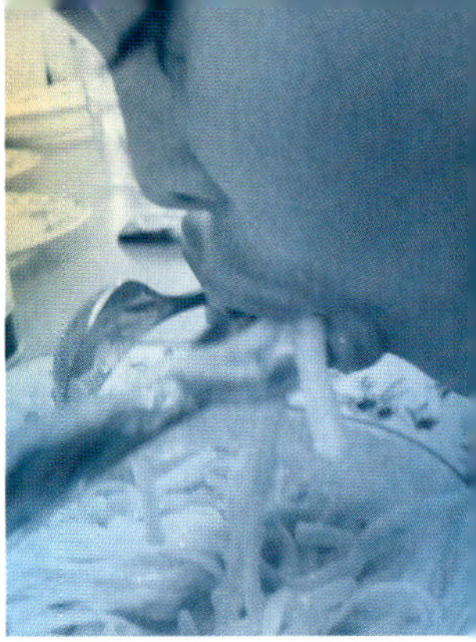

Kinder lernen durch Vorbilder, kleine Jungen am liebsten von männlichen Vorbildern. So kommt es, dass sich in Familien fast immer alle männlichen Mitglieder ähnlich benehmen. Dieser Gleichklang mit dem Vater (dem älteren Bruder, dem Freund der Mutter oder einem anderen Vorbild) gibt Jungen die Sicherheit, die sie brauchen. Soziologen nennen das „In-Group-Verhalten". Indem alle Mitglieder einer Gruppe das gleiche Verhalten an den Tag legen, stabilisieren sie sich gegenseitig und grenzen sich von anderen Gruppen ab.

Erst wenn ein Mitglied der Gruppe in Kontakt mit der Außenwelt gerät, muss es sich auch deren Regeln stellen: Ist es so, wie ich mich zu Hause verhalte, auch in anderen Gruppen richtig? Gelten unsere Grundsätze auch anderswo? Was ist bei anderen Leuten nicht so wie bei uns? In welchen Punkten unterscheidet sich das, was meine Eltern mir beigebracht haben, von den Regeln einer größeren Gruppe? Und schließlich: Kann ich mit dem, was ich zu Hause gelernt habe, in der Welt bestehen?

Früher, als die Klassenunterschiede noch riesig waren und es zudem noch bestimmte Standesregeln gab, hatten es junge Leute schwer, sich in die Gesellschaft einzufügen. Und am schwersten war es, wenn sie aus schlichten Verhältnissen stammten und aufsteigen wollten. Heute ist das zum Glück nicht mehr so. Geblieben ist aber, dass sich erst im Kontakt mit der Außenwelt zeigt, was die häuslichen Regeln taugen. Dabei geht es nicht einmal

um die Bewertung bestimmter Verhaltensweisen. Gutes Benehmen ist keine Frage der Individualität. Es ist nur die Kunst, in der Mitte des Stromes zu schwimmen, dabei den Kopf hochzuhalten und gut auszusehen.

Das so genannte „gute Benehmen" ist letztlich nichts anderes als dasjenige Verhalten, das von der Gesellschaft gerade als Norm empfunden wird. Nach neuesten Umfragen halten neun von zehn Eltern es für wichtig, dass ihre Kinder sich dieser Norm entsprechend verhalten und gutes Benehmen an den Tag legen. Aber wie bekommt man das hin?

Wenn sich bereits sehr kleine Jungen bei Tisch gut benehmen, dann hat das mit Erziehung oder gar mit Manieren nicht unbedingt viel zu tun; es ist weitgehend Glückssache. Gerade die intelligenten und lebhaften Kinder jedoch dürften kaum still auf ihrem Kissen hocken und possierlich mit Besteck essen, während der unendliche Gesprächsstrom der Erwachsenen an ihnen vorbeizieht. Jungen werden während ihrer ersten Lebensjahre immer wieder von Testosteronduschen überflutet. Bei manchen von ihnen fällt der Kontakt mit ihren männlichen Hormonen so heftig aus, dass sie überhaupt nicht still sitzen können, selbst wenn sie es wollten.

Die kritische Phase ist zwischen dem ersten und dem dritten Geburtstag. In diesem Alter sind erträgliche Tischmanieren einem kleinen Jungen kaum vermittelbar – ein Grund dafür, dass man früher in Königshäusern die Prinzen erst ab dem vierten Lebensjahr an der großen

Tafel speisen ließ. Bis dahin nahmen sie ihre Mahlzeiten unter Aufsicht ihrer Nanny oder Gouvernante in ihren eigenen Gemächern ein.

Erst ab etwa vier Jahren kann man von einem kleinen Jungen erwarten, dass er etwas an den Tag legt, das man mit viel gutem Willen als gutes Benehmen bei Tisch anerkennen könnte. Diese süße Frucht kann allerdings nur ernten, wer rechtzeitig damit begonnen hat, dem kleinen Jungen einige einfache Regeln zu vermitteln. Welche das genau sind, muss jede Familie selbst festlegen. Auch sollte man sich Gedanken darüber machen, welche von vielleicht drei oder vier Verhaltensweisen in der eigenen Familie am wichtigsten sind, um das Regelwerk möglichst klein zu halten. In Christophs Familie wird zum Beispiel Wert darauf gelegt, dass man fragt, ob man schon vom Tisch aufstehen darf. Die Söhne von Hilke sollten als Erstes lernen, nicht über den Tisch zu grabschen und zu angeln. In diesem Sinne sind die hier folgenden Regeln nur Anregungen auf der Basis des Entwicklungsstandes, das ein Kind in einem bestimmten Alter hat.

DER EISCREME-REFLEX

Wenn kleine Jungen im Restaurant gleich nach Beginn des Essens aufs Klo streben, zeigt das oft nur an, dass sie bestimmte Reflexe ihres Körpers noch nicht unter Kontrolle haben. Der gastrokolische Reflex, der die Darmentleerung einleitet, wird durch Stress, aber auch durch einen Kältereiz ausgelöst, also beispielsweise dadurch, dass Jungen eifrig an ihrer kalten Apfelsaftschorle herumnuckeln, kaum dass der Kellner im Restaurant sie serviert hat.

Den gastrokolischen Reflex (den nicht nur Jungen haben) kann man sich umgekehrt bei langen Autobahnfahrten zu Nutze machen, indem man die Kinder nach dem Essen an der Autobahn-Raststätte mit einem Eis als Nachtisch erfreut. Auch der Kältereiz von Speiseeis löst ihn nämlich aus. Der Effekt dürfte sein, dass alle Kinder noch vor der Weiterfahrt aufs Klo gehen wollen und nicht erst eine halbe Stunde später, mitten im Stau.

DER EINJÄHRIGE kann schon auf einem Treppchen am Waschbecken stehen und sollte sich unmittelbar vor dem Essen die Hände waschen, mit Seife, mit warmem Wasser und immer und jedes einzelne Mal. Die Gewohnheit des Händewaschens vor dem Essen wird er sein Leben lang beibehalten müssen, besser, er fängt schon jetzt damit an. (Selbstverständlich wäscht er sich auch nach dem Toilettenbesuch die Hände und immer, wenn er von draußen hereinkommt. Auch das hat etwas mit Benimm zu tun und mit Rücksicht anderen gegenüber.)

DER ZWEIJÄHRIGE kann bei Tisch bereits den Salzstreuer und andere kleine Gegenstände weiterreichen und „Danke" und „Bitte" sagen. Er kann auch schon lernen, wie man fragt: „Kannst du mir bitte die Butter geben?" Oder: „Kann ich bitte noch Pudding haben?" Der Junge lernt am leichtesten durch Nachahmung. Das bedeutet, dass auch die Eltern einander die Speisen zureichen und sich nicht über den Tisch werfen, um sich noch Brot nachzunehmen.

Spätestens ab diesem Alter sollte der Junge sämtliche Speisen auch selbst mit einem Teelöffel oder einer Kuchengabel essen; es wird ihn zufriedener machen. Wir haben unsere Jungen allerdings von Anfang an mit großem Besteck essen lassen, sogar mit besonders großem uralten Silberbesteck, weil das dasjenige ist, das wir selbst benutzen. Deswegen haben sie auch nicht mehr herumgeferkelt als andere Bübchen.

Getrunken wird aus Gläsern (aus Glas!), gegessen von Tellern (aus Porzellan!). Wir finden, dass es eine Unsitte ist, Kinder von Plastikgeschirr futtern zu lassen. Dass es einen Haufen Scherben gibt, wenn man auch den Kleinsten würdiges Essgeschirr zugesteht, können wir nicht bestätigen. Im Gegenteil: Nach dem ersten zerplatzten Glas lernt das Kind, dass es damit nicht herumwerfen sollte. Es gibt auch kleine Gläser, die das Kind bequem umfassen kann. Wir haben mit dickwandigen Grappagläsern angefangen. Die haben den Vorteil, dass man davon kein Stückchen abbeißen kann, nur weil man gerade Zähne bekommt und es im Mund juckt.

Der Zweijährige bekommt natürlich eine Serviette, wie alle anderen am Tisch auch. Allerdings sollte man sie ihm oben in den Ausschnitt des T-Shirts stopfen und nicht auf den Schoß legen. Übergangsweise kann man die Serviette auch mit einem Kettchen befestigen von der Art, wie Zahnärzte sie benutzen. Notfalls tut es auch ein so genannter Schnullerfänger aus dem Babybedarfsgeschäft.

Wichtig ist nur, dass der Junge die gleiche Serviette hat wie alle anderen auch und dass er die Chance bekommt, sie genauso zu benutzen. Bevor er trinkt, putzt er sich damit den Mund ab. Währenddessen kann er seinen Mund leer essen. Zum Schluss wird die Serviette – eventuell mit Mamis Hilfe – abgenommen, locker gefaltet und neben den Teller gelegt. Lätzchen, womöglich welche aus Plastik mit einer Auffangrinne, sind würdelos und unästhetisch.

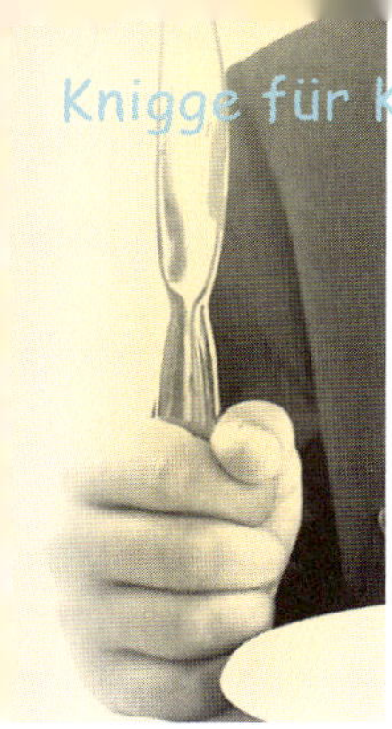

Die Regel „Entweder essen *oder* trinken“ (und nicht beides gleichzeitig) kann auch schon ein zweijähriges Kind verstehen, vor allem, wenn man es ihm eine Weile lang immer und immer wieder sagt. Ein schmatzender Zweijähriger mag noch ganz niedlich sein. Ein Achtjähriger, der beim Essen klingt wie eine Waschmaschine, während er grobe Brocken mit Saft herunterspült, ist es nicht mehr.

Zu Hause sollte der Tisch immer nett gedeckt sein. Auch ein einfaches Alltagsessen, das nur aus Nudeln mit frischem Parmesan besteht, ist eine Freude, wenn es von hübschem Geschirr und in freundlicher Umgebung gegessen wird. Wer an einer freigeschobenen Ecke eines vollgemüllten Tisches sein (Reste-)Essen mümmeln soll, wird nicht leicht einsehen, warum er sich dabei manierlich benehmen soll. Wer satt ist, darf aufstehen, bei Christoph, wie gesagt, nachdem er gefragt hat.

Zum guten Benehmen bei Tisch gehört aber auch, dass alle die Mahlzeit gemeinsam beginnen. Vormampfer und Nachmampfer sind einsam, zumindest werden sie es irgendwann, wenn sie sich dieses Verhalten zur Gewohnheit machen. Wenn man in der Küche isst und der Koch noch dauernd herumspringt, ist für einen Zweijährigen möglicherweise nicht deutlich zu erkennen, wann das Essen eigentlich beginnt. In manchen Familien gibt es darum die Sitte, sich an den Händen zu fassen und einen Spruch aufzusagen. Das kann ein Wunsch sein, etwas Religiöses wie ein Gebet oder ein kleines Gedicht.

PIEP, PIEP, PIEP, GUTEN APPETIT!

Bei Hilke war es eine erweiterte Form des guten alten „Piep, piep" und sie haben es jeden Tag zu Hause brav skandiert, in kleinen Runden und in großen, so lange, bis es dem Ältesten peinlich wurde. Da war er sechs und beim Essen bereits eine Augenweide. Die verlängerte Version des Spruches geht so: „Piep, piep, piep, guten Appetit! Iss alles, was man sehen kann, nur nicht deinen Nebenmann. Und – wir nehmen's ganz genau – auch nicht deine Nebenfrau. Piep, piep, piep, guten Appetit!" Es ist sehr albern. Aber es macht für ein paar Jahre Spaß.

DREI- UND VIERJÄHRIGE benehmen sich bei Tisch oft so gut wie später niemals mehr, denn sie lieben Regeln, Grundsätze und Gewohnheiten. Ein Junge in diesem Alter kann zum Beispiel gerade sitzen und schon verstehen, dass man außer eventuell den Händen keine Körperteile auf dem Tisch aufstützen soll. Diese Kulturtechnik muss man lange üben, bevor man sie beherrscht, und noch länger ausüben, bevor sie einem zur zweiten Natur geworden ist. Am besten, die Eltern sitzen selbst gerade und erinnern den Jungen immer und immer wieder freundlich daran. Faustregel: Nach der tausendsten freundlichen Ermahnung sitzen die meisten Regeln. Dazu muss die Einhaltung der Regeln den Eltern natürlich wichtig sein. Regeln, die durchzusetzen die Eltern nicht die nötige Energie aufbringen, sollten gar nicht erst eingeführt werden.

Ein absoluter Geheimtipp ist jedoch dieser: Kleine Jungen nur hungrig an den Tisch lassen! Wer zu den Familienmahlzeiten nicht einen gewissen Mörderhunger mitbringt, der hat vermutlich ein Problem in einem anderen Bereich. Immer sofort abchecken: Ist er krank? Hat er zwischendurch genascht? Zu viel Milch getrunken? Hatte er genug Bewegung? Ein fast sattes Kind wird sich bei Tisch nur langweilen. Es kann sich gar nicht gut benehmen.

Vierjährige wollen gerne etwas lernen. In diesem Alter kann man einem Kind auch schon beibringen, mit Stäbchen zu essen. Viele Kinder lieben chinesisches Essen, und einen kleinen Stäbchenkünstler in ein China-Restaurant zu führen, macht einfach Spaß. Zudem wird dem Jungen sicherlich auffallen, dass er für seine Fähigkeiten bewundernde Blicke erntet, und das wird ihn zu Recht stolz machen.

In China lernen die Kinder das Stäbchenessen auch mit vier Jahren, und das tun sie so: Mit einem Gummiband und einem Stückchen Pappe werden die Stäbchen zuerst hinten zu einer Art Zwicker zusammengenommen. Bei den ersten Malen kann man damit essen wie mit einer kleinen Zange. Später wird das Gummi dann abgenommen.

Früher erkannte man die Kinderstube und angeblich sogar den Charakter eines Mannes daran, ob er seine Suppe manierlich auslöffelte. Richtig geht es so: Für die letzten Schlückchen den Teller ganz leicht zur Tischmitte hin neigen und keinesfalls zum Tischrand hin, wie viele das tun. Um den Teller zur Tischmitte hin zu neigen, in der Nähe des Tischrandes zwei Finger unter den Tellerrand schieben und ihn ganz leicht anheben. Dann kann der Suppenrest von der dem Körper abgewandten tiefen Seite her ausgelöffelt werden.

FÜNF- UND SECHSJÄHRIGE kommen oft schon in die Ferkelphase, die bei manchen Jungen jahrelang anhält, so lange, bis endlich jemand reagiert. Der Beginn der Ferkelphase ist durch den hochfrequenten Gebrauch von Fäkalsprache gekennzeichnet – wenn es dabei bleibt. Nun hat nicht jeder die Nerven, mit Appetit seine Schokoladencreme weiterzuessen, wenn ihm erklärt wird, dass der Sitznachbar in der Schule nur „gequirlte Scheiße“ erzählt, dass jemand „dumm wie Kotze“ und sowieso alles „Kacke“ ist.

Bei Hilke gibt es deswegen ein zusätzliches Familienmitglied. Das ist ein großer Plastikdinosaurier in Spardosenform, der mit einem Tropfen Apfelsaft auf den Namen Ferkel getauft wurde. Beim Essen steht er traulich neben der Pfeffermühle auf dem Tisch. Wer auch immer verbal entgleist, füttert ihn mit einer kleinen Münze vom Taschengeld, Erwachsene mit einem großen Geldstück. Es gab Zeiten, in denen man schon glaubte, von Ferkels Inhalt einmal im Jahr ein neues Auto anschaffen zu können. Unterdessen hat sich die Sache so weit beruhigt, dass gelegentlich eine nette kleine Familienunternehmung drin ist: Kino zu viert zum Beispiel.

MÄRCHENHAFTE
ZUSTÄNDE

In einer Familie lebten drei Generationen zusammen, Großvater, Eltern und ein kleiner Junge. Der Großvater schlabberte und kleckerte beim Essen und sein Anblick ekelte die Erwachsenen sehr.

Als er schließlich auch noch begann, mit seinem Essen herumzuschmieren und öfter den Teller vom Tisch zu stoßen, gaben sie ihm ein bruchsicheres Plastikschälchen und ließen ihn bereits vor den anderen Familienmitgliedern essen.

Eines Tages saß der kleine Junge in seinem Zimmer und bastelte etwas aus Holz.

„Was machst du denn da Hübsches?“, fragte der stolze Vater. „Ach, ich schnitze einen kleinen Holztrog. Daraus sollen Mama und du essen, wenn ihr alt seid“, antwortete der Junge.

(Sehr frei nach „Der Großvater und sein Enkel“ von den Gebrüdern Grimm)

WER WAR EIGENTLICH KNIGGE?

Der berühmte Freiherr von Knigge, auf den wir uns immer berufen, wenn wir über gutes Benehmen reden, hat in seinem Leben kein einziges Benimmbuch geschrieben.

Knigge, der auf das „von“ in seinem Adelsnamen verzichtete, lebte von 1752 bis 1796. Er war ein politischer Schriftsteller, der mit seinem Werk „Über den Umgang mit Menschen“ seinen Zeitgenossen ein Jahr vor der Französischen Revolution den Standesdünkel austreiben wollte. Ein Benimmbuch wurde aus der Streitschrift erst Jahre nach seinem Tod und ohne seine Mitwirkung.

INTERNATIONALE TABUS

In fernen Ländern kann man leicht in das berühmte Fettnäpfchen treten, wenn man die landestypischen Regeln nicht kennt. So ist es in der arabischen Welt und auch in China ungehörig, den Teller ganz leer zu essen. Tut man es doch, bekommt man immer nachgelegt.

In Arabien und in Ostfriesland gilt es auch als unfein, angebotenes Essen gleich anzunehmen. Die Einladung ist erst ernst gemeint, wenn man „dreimal genötigt“ wurde.

In ganz Asien ist es ein schlechtes Omen, die Stäbchen in die Schale mit Reis zu pieken. Das erinnert an die Opfergaben für die Toten und bringt Unglück.

DEN TELLER LEER ESSEN

Der alte Spruch „Iss bitte den Teller leer, dann gibt es morgen schönes Wetter“ ist ein sprachliches Missverständnis. Früher nämlich tischte man der Familie das Essen so lange auf, bis es gegessen war. Im Mittelalter hing über der Feuerstelle ein eiserner Topf, der immer wieder aufgefüllt wurde, und zwar von oben. Es war eine Art ewiger Eintopf, auf dessen Boden sich die Schichten vergangener Mahlzeiten absetzten. Man aß also immer die Reste mit, die manchmal zum Himmel stanken und faulig schmeckten, im Winter roch das Ganze bestenfalls leicht säuerlich.

Erst wenn alles ratzeputz leer gegessen war, gab es am nächsten Tag etwas Frisches. Das plattdeutsche „Eet up, damit morgen wat Moies weer gift“ heißt also nur „Iss auf, damit es morgen etwas Schönes (wieder) gibt“ und hat mit dem Wetter nichts zu tun.

Die Verwandlung

11

Wie ich Supermann werde – jetzt und sofort!

Essende Jungen haben keine zeitliche Perspektive. Sie essen jetzt, in diesem Augenblick, und denken nicht an morgen, später oder nächstes Jahr. Ob ihnen schon in zehn Minuten von der vielen Cola schlecht wird, ob sie in spätestens zwei Stunden Ärger bekommen, wenn die Mutter bemerkt, dass die Kerls mit ihren Buddies eine halbe Kiste davon ausgetrunken haben, ob ihr Osteoporose-Risiko wegen ihrer Colaliebe in fünfzig Jahren vervielfacht ist – das alles geht ihnen kalt am Alltag vorbei.

Wenn Jungen einmal Gewichtsprobleme bekommen sollten, wird diese Eigenart ihnen jede Diät vermasseln. Denn sie können sich weder vorstellen, wie sie aussehen werden, wenn ihr Gewicht weiterhin ansteigt, noch dass sie sich besser fühlen werden, wenn es heruntergeht. Ernährungswissenschaftler wissen, dass die Rückfallquote bei fastenden Männern viel höher ist als bei hungernden Frauen. Ob man in Bezug auf die Ernährung eine schnelle Bedürfnisbefriedigung anstrebt oder eher eine langfristige Absicherung, das scheint auch eine genetische Frage zu sein, die Männer und Frauen trennt.

Die futternde Raupe, die schließlich zum Schmetterling wird, die Wasser schlürfende Kaulquappe, aus der ein Frosch entsteht, der stolze Schwan, der aus einem hässlichen Watscheltier heranwächst – das alles sind weibliche Bilder für Verwandlungen zu einer höheren Lebensform.

Typische Jungen und Männer wollen sich zwar auch verwandeln. Aber möglichst mit einer Art Urknall. Jetzt und auf der Stelle.

Der Junge spielt den Wolf, der das Fleisch reißt, und er ist es im selben Moment. Er ist der Archäologe, der den Fisch aus der Salzkruste heraushackt, der Vulkanologe, der cool das Fonduegerät oder den Tischgrill bedient, der Drachentöter, der seine immense Kraft durch den Genuss des Zaubertrankes ins Unermessliche verstärkt. Kleine männliche Menschen haben auch ein Selbstbild. Es ist nur nicht realistisch und es entsteht unabhängig von Zeit und Raum.

WIE MAN WÖLFE ENTZAUBERT

Nach einem alten Volksglauben können Menschen, die sich in Werwölfe verwandelt haben, ihre menschliche Gestalt zurückerhalten, wenn ihnen jemand aus Mitleid einen Bissen Essen schenkt.

Dieses Verhalten kann man entweder kritisieren, indem man sich über grillende, Knochen nagende oder Fleisch zersäbelnde Jungen lustig macht, die morgens ihr warme Milch aus Supermanntassen trinken und immer das Gefühl haben, sie müssten, wenn schon, dann eine komplette Tafel Schokolade essen, eine ganze Tüte Chips und die ganze Schale Salzmandeln. Oder man kann dieses urige Verhalten liebevoll annehmen und damit das Wandlungsbedürfnis der kleinen Jungen bedienen. Wir favorisieren Letzteres und lesen unseren heranwachsenden Jungen jeden kulinarischen Wunsch von den Augen ab – jedenfalls immer dann, wenn dieses verzweifelte Flackern in ihren Augen zu sehen ist, das anzeigt, dass sie jetzt wirklich ein paar essbare Requisiten brauchen, um Tarzan, Obi Wan Kenobi, Gandalf oder den vierzehnjährigen Nachbarjungen glaubwürdig darstellen zu können. Sie sollten eine reelle Chance haben, ihre gerade erst keimende und überaus gefährdete Männlichkeit zu stabilisieren.

WIE EIN KOCH ZUM KÖNIG WURDE

Der Küchenmeister Antonin Carême (dessen Name lustigerweise „Fasten" bedeutet) lebte von 1783 bis 1833 und fand, dass das Kochen neben den fünf klassischen Künsten als die sechste gelten solle.

Von Carêmes Künsten schwärmte eine ganze Epoche. Beschäftigt war er zuerst beim französischen Staatsmann Talleyrand. Nach dem Wiener Kongress wurde er vom britischen Prinzregenten abgeworben, kochte für den russischen Zaren und landete schließlich beim Bankier Rothschild.

Carême wollte immer lieber ein König als ein Koch sein, zumindest aber der König der Köche. Deswegen erfand er auch die hohe Kochmütze, die noch heute alle Chefs der Welt zu besonderen Gelegenheiten tragen. Kopfbedeckungen waren in Küchen damals auch deswegen nötig, weil es noch keine Ventilatoren gab. Das Kochfett setzte sich an den Decken ab und pflegte gelegentlich in Placken auf das Küchenpersonal zu plumpsen.

Carêmes Kochmütze aber war nicht nur praktisch, sie war königlich. Sein Schneider nähte sie nach genauesten Anweisungen in der Form einer Tiara, nur dass sie einen halben Meter hoch war, so hoch, wie der gestärkte Stoff eben noch hielt. Sie hatte an ihrem Rand hundert Falten, die die hundert Arten symbolisieren sollten, auf die ein Meisterkoch ein Ei zubereiten kann.

Die am meisten verbreitete männliche Wandlung durch die Nahrungsaufnahme ist die vom Einzelwesen zum Teil einer Horde. So eine Horde ist eine Art glückliche Familie, die das Gleiche oder gleich wenig denkt, gleich fühlt und das Gleiche isst. Sie besteht ausschließlich aus Männern, die durch einen Auftrag oder ein gemeinsames Vorhaben von Irrsal, Wirrsal oder Schicksal zusammengefügt worden sind. Soldaten (und Veteranen) bilden solche Horden, aber manchmal auch Pfadfinder, die Teilnehmer von Expeditionen, Kegelclubs, studentische Verbindungen, Räuberbanden, in Gruppen dienstreisende Angestellte, Astronauten in einem Raumschiff oder Abiturienten am letzten Schultag.

Von all diesen Männern kann man eine Statement bekommen, das so falsch wie unausrottbar ist: Essen (wahlweise Erbsensuppe, Linsensuppe, Grünkohl oder Gulasch) schmecke einfach besser, wenn es aus der Gulaschkanone oder aus einem anderen riesigen Topf kommt. Das ist – zumindest bei Eintöpfen – chemisch gesehen völliger Unsinn, da zehn Würste und zehn Kartoffeln miteinander auch keine andere Verbindung eingehen als hundert Würste mit hundert Kartoffeln. Was die Horde meint, ist etwas anderes: Durch das Essen der gleichen Nahrung und durch das urige Brechen eines Brotes, durch das gemeinsame Zerlegen von Wild oder Riesenpizza stabilisieren sich die einzelnen Männer in krisenreichen Zeiten, indem sie ihre Individualität aufgeben und Teil eines größeren und damit stärkeren Organismus werden. Keine Frau auf Erden würde so etwas tun.

Männer und Jungen jedoch müssen es gelegentlich tun, und viele werden alles daransetzen, um ihr Grundrecht auf gelegentliche Hordenbildung auch später durchzusetzen. Zumindest aber wollen diese Männer und Jungen gelegentlich das Essen haben, das sie dereinst in einer Horde genossen haben. Durch das Essen nämlich können sie später in Erinnerungen an eine Zeit schwelgen, in der es außer der gemeinsamen Mahlzeit und dem daraus resultierenden Gruppengefühl vermutlich wenig erbauliche Ereignisse gab.

ALLES IN BUTTER

Auch der italienische Konditor Federico Peliti (1844–1914) war ein Verwandler aus der Foodbranche. Eigentlich hatte er in Turin eine Bildhauerlehre absolviert und hätte lieber Künstler werden wollen – wenn seine Eltern denn dafür gewesen wären. Sie waren für Bäcker.

Peliti lernte Konditor, suchte danach schnell das Weite und fand es im kolonialen Indien, wo er legendäre Picknicks für die Engländer ausrichtete. Seine Skulpturen aus Butter, seine Kuchen und seine Thementorten, die trotz des Klimas meilenweit in den Dschungel hineingetragen wurden, waren weltberühmt. Durch die mannshohen Konstruktionen verwandelte Peliti manches insektenumschwirrte Urwaldpicknick in ein vornehmes Bankett und sich selbst vom Konditor in einen Künstler.

Er half damit den Kolonialherren, Stärke zu zeigen und ihre scheinbare kulturelle Überlegenheit auch unter widrigsten klimatischen Verhältnissen zu demonstrieren. Heute ist Peliti vor allem als Pionier der Fotografie und als Chronist dieser Epoche bekannt. Er hielt viele seiner kulinarischen Heldentaten auf Fotos fest – vor allem wohl, um zu beweisen, dass er sie wirklich vollbracht hatte.

Auf amerikanischen Websites gibt es tausende von Diskussionsbeiträgen zum Thema „SOS“, einem Gericht – wir ahnten es schon –, das die amerikanische Armee zu allen Zeiten an ihre Soldaten verfüttert hat. SOS ist aber kein Hilfeschrei, sondern die Abkürzung für „Shucks on a Shingle“, Brösel auf einem Ziegel. Dieses schnelle, Kraft spendende, vermutlich völlig vitaminfreie, seltsame, aber leckere Frühstück ist im Prinzip über Jahrzehnte hin immer das gleiche geblieben. (Natürlich ist es im Laufe der Jahre leicht an moderne Ernährungsgepflogenheiten angepasst

ZUTATEN *(für vier Personen)*

400 g Rinderhack
Butter zum Braten
4 Scheiben Toast
1 geh. TL Mehl
125 ml Milch
Salz, Pfeffer, Muskatnuss

ZUBEREITUNG

- Rinderhack in heißem Öl anbraten und kräftig salzen und pfeffern.
- Mehl drüberstreuen und unter Rühren mit der Milch ablöschen. „SOS“ muss eine cremige Konsistenz haben.
- Zum Schluss leicht mit Muskatnuss überreiben, das hebt die Stimmung, und auf geröstetem Toast anrichten.

worden und enthält heute zum Beispiel weniger Fett als früher.) Es schmeckt angeblich überall auf der Welt gleich. Auch wenn man kein soldatischer Mensch ist, SOS sollte man einmal probiert haben.

Wer sich fragt, warum hier Muskatnuss und nicht zum Beispiel der sich anbietende Knoblauch verwendet wird, muss wissen, dass Feldköche eine Vorliebe für sparsam zu verwendende, also Platz sparende Gewürze haben. So ein Gewürz ist die Muskatnuss, die zu allen Hackfleischgerichten passt. Ein ähnliches Gewürz ist Chili. Da wir keine Feldköche sind, steht es uns natürlich frei zu experimentieren, auch mit Knoblauch, wenn die Jungs weiter nichts vorhaben.

Ein anderes Verwandlungsessen, das ebenfalls das Zusammengehörigkeitsgefühl von Jungengruppen stärkt, ist „Dutch Babies“. Dabei handelt es sich um eine kalorienreiche, aber vollkommen zuckerfreie Kreuzung aus Riesenpfannkuchen und geplatztem Medizinball. Man teilt ihn sich brüderlich, und er verwandelt einen beim Essen in ein zufrieden gähnendes Bürschchen, das vermutlich klaglos ins Bett gehen wird. Das fünfzig Jahre alte Originalrezept soll angeblich aus einem Restaurant namens „Dutch“ in Seattle stammen, wo es den einzigen verfügbaren Kinderteller darstellte, weshalb sich immer mehrere Kinder aus mehreren Familien einen Klops teilen mussten. Keine schlechte Idee eigentlich.

„Dutch Babies"

Das Problem bei Dutch Babies ist nur die Menge. Dieses Rezept funktioniert nicht mehr, wenn man es verdoppelt oder halbiert, es funktioniert nur so, wie es ist. Dann reicht es für sechs kleine Bübchen, für vier mittlere Jungen oder für zwei riesige Burschen, die so tief in der Pubertät stecken, dass sie monatlich einen halben Meter wachsen. Außerdem muss dieses eigenartige Gericht genau nach Rezept zubereitet werden. Wir haben alle Vereinfachungen ausprobiert – es geht nur so wie hier beschrieben.

Im Herbst ist ***UGLY FRUIT PUDDING*** zu den Dutch Babies unübertroffen. Um ihn herstellen zu können, sammelt man bei möglichst garstigen Witterungsbedingungen – zum Beispiel bei Nacht oder beim ersten Frost – ein paar Äpfel im Garten auf, schneidet die gröbsten faulen Stellen heraus, hackt die Äpfel in jeweils etwa acht grobe Brocken und kocht sie zwei Minuten in feinstem ***ORANGENSIRUP***, mit Schale, Gehäuse und allem anderen auch.

DER ORANGENSIRUP besteht aus
125 ml frischem Orangensaft,
1 TL Butter und
2 EL Ahornsirup, die zuvor
5 Minuten lang unter
emsigem Rühren
zusammen gekocht
haben.

ZUTATEN *(für zwei bis sechs Kinder)*

100 g Butter
6 große Eier
375 ml Milch
250 g weißes Mehl (Es wäre zu schön, aber mit Vollkornmehl geht es auch nicht.)

ZUBEREITUNG

- Den Backofen auf 250 Grad vorheizen und alle Bleche herausnehmen.
- Das Butterstück auf das tiefe Blech (Saftpfanne) legen. Nun die Eier mit einem Handrührgerät auf höchster Stufe schaumig aufschlagen, und zwar genau 1 Minute lang.
- Dann das Mehl hinzufügen und noch einmal 30 Sekunden lang weiterschlagen.
- Nun das Backblech mit der Butter in den heißen Ofen schieben, zweite Schiene von oben, bis die Butter zu schmelzen beginnt.
- Der Teigmasse die Milch hinzufügen und 1 Minute schlagen.

Dann alle Jungen aus der Küche scheuchen, das Blech vorsichtig aus dem Ofen nehmen und leicht hin und her schwenken, sodass sich die geschmolzene, aber keinesfalls verbrannte Butter auf dem ganzen Blech verteilt.

- Teig vorsichtig auf das Blech gießen und wieder in den Ofen schieben, gleiche Schiene.

Während des nun folgenden drei- bis zehnminütigen Backvorganges müssen die Dutch Babies unbedingt bewacht werden; denn wenn sie fertig sind, müssen sie sofort den Ofen verlassen. Die fertigen Babies haben sich dann riesenhaft ausgedehnt, meistens wirft das Gericht auch noch kolossale Falten und drückt sich gegen die Backofentür.

- Esser bereits in der letzten Backminute um den Tisch versammeln, das Gericht fällt sehr schnell in sich zusammen.

Einfach grob in ein paar Teile zerteilen. Puristen essen das Ganze, so wie es ist, es schmeckt süß, obwohl kein Zucker darin enthalten ist. Ansonsten kommen infrage: Honig, Schlagsahne, Orangenscheiben, Mandelmus, frische Früchte oder Früchte aus Dosen, aber auch Zucker, Sirup, Schokocreme und alle Arten von Marmelade.

Ein anderes großartiges Gericht ist die Piratensuppe. Diese seltsame Suppe, die ihren Namen von ihrer blutroten Farbe hat, ist leicht und beruhigt und besänftigt noch die wildesten Helden, weil sie weder Fett noch Salz, weder Fleisch noch besondere Gewürze enthält. Während der ewig langen Kochzeit verbreitet sich ihr Duft im ganzen Haus und lockt auch Gemüsehasser in die Küche. Wenn man das Gemüseschnippeln erst einmal hinter sich hat, kocht sie sich fast von alleine.

Piratensuppe

ZUTATEN *(für vier bis acht Personen)*

500 g Möhren
500 g weiße Rübchen
500 g Gemüsezwiebeln
500 g Rote Beete
500 g Fenchel
1 Lorbeerblatt
1 Becher griechischer Joghurt
4 EL Mango Chutney

ZUBEREITUNG

- Gummihandschuhe anziehen und die Rote Beete wie Äpfel schälen und grob zerkleinern. Alle anderen Gemüse putzen und in Stückchen schneiden. Das Fenchelgrün für Dekozwecke beiseite stellen.
- Das Gemüse mit dem Lorbeerblatt in einen großen Deckeltopf geben und mit Wasser völlig bedecken. Einmal aufkochen, eventuell abschäumen und das Wasser so weit auffüllen, bis das Gemüse 1 Zentimeter hoch bedeckt ist.
- Dann 3 Stunden lang auf kleiner Flamme simmern lassen; dabei den Deckel so wenig wie möglich anheben.
- Nach dem Ende der Kochzeit das Lorbeerblatt herausfischen und die komplette Suppe mit dem Pürierstab pürieren.

Diese magische Suppe muss seltsamerweise überhaupt nicht gewürzt werden. Manchmal gewinnt sie durch einige Umdrehungen aus der weißen Pfeffermühle.

- Den Joghurt mit einem Esslöffel kaltem Wasser kurz mit dem Schneebesen durchschlagen, sodass er cremig wird.
- Die Suppe auf Teller verteilen und den Jungen freistellen, ob sie dazu einen Klacks Joghurt wollen, etwas gehacktes Fenchelgrün, ein Löffelchen Mango Chutney, nichts von allem oder alles auf einmal.

Wer seine Haushaltskasse aufbessern will, kann vorher Wetten abschließen, dass die Jungen diese gesunde Suppe tatsächlich essen werden.

Fünf kleine Winterrezepte, die alle Jungen mögen

PÜREE aus weißen Bohnen mit Salbei

ZUTATEN

1 große Dose weiße Bohnen
2 EL Zitronensaft
6 EL Olivenöl
6 große Salbeiblätter, fein gewiegt
2 oder mehr Knoblauchzehen
2 kleine Zwiebeln, gehackt

ZUBEREITUNG

- Bohnen abtropfen und mit den anderen Zutaten mithilfe eines Zauberstabs zu einer dicklichen Creme pürieren.
- Mit Salz und Pfeffer abschmecken, abdecken und bei Zimmertemperatur 2 Stunden oder über Nacht durchziehen lassen.

Schmeckt mit Rohkost, auf frischem Graubrot oder zu Crackern.

ADAMS RIPPCHEN

ZUTATEN

800 g Schweinerippchen
200 g gemischtes, ungeschwefeltes Backobst
1 TL dunkler Sirup
1 große Gemüsezwiebel
1 oder mehr Knoblauchzehen
1 Dose Fanta

ZUBEREITUNG

- Gusseisernen Bratentopf ohne Fett erhitzen und die Rippchen hineinlegen.
- Bei mittlerer Hitze möglichst ohne die Zugabe von weiterem Fett langsam auslassen. Das funktioniert nur, wenn die Rippchen möglichst fett sind, ansonsten drohen sie anzubacken. In diesem Fall lieber etwas Bratfett hinzugeben (1 EL).
- Wenn die Rippchen rundherum gebräunt sind, Zwiebeln und Knoblauch dazugeben und mit anrösten.
- Anschließend ½ Dose Fanta angießen und den Sirup und das Backobst hinzufügen. (Rest der Fanta selber trinken. Übrigens funktioniert das Rezept auch ausgezeichnet mit Cola.)
- Deckel auflegen und im 80 Grad heißen Ofen 2 Stunden garen lassen, ohne unter den Deckel zu schauen.
- Danach Deckel abheben und die Rippchen auf dem Herd kurz sehr stark erhitzen, sodass alle überschüssige Flüssigkeit verdampft.
- Dann salzen und pfeffern und neben dem Herd etwa 10 Minuten ruhen lassen. Denn dieses Gericht wird mit den Fingern gegessen.

Dieser superüppige Kuchen war in England schon einmal Gegenstand eines Gerichtsverfahrens, weil die Toffeemasse angeblich auch in der geschlossenen Dose zubereitet werden kann. Wir raten dringend davon ab, denn die Dose kann leicht zur Bombe werden. Außerdem geht die Toffeeherstellung in der Pfanne viel schneller.

ZUTATEN

1 Dose gezuckerte Kondensmilch („Milchmädchen“)
1 EL Ahornsirup
1 EL Butter
8 fertig gekaufte Mürbeteigtorteletts
2 Bananen
2 EL Limonensaft
⅜ Liter Schlagsahne (oder gar Sprühsahne aus der Dose)

ZUBEREITUNG

- Bananen schälen und in sehr dünne Scheibchen schneiden, mit dem Zitronensaft vermischen.
- Kondensmilch mit Ahornsirup und Butter in einer Kasserolle vermischen und bei mittlerer Hitze und unter emsigem Rühren zu einer Toffeemasse bräunen lassen. Das dauert ungefähr 10 Minuten, vielleicht auch kürzer. Die Masse muss ihre Farbe von Weißlich auf Braun verändern und eine dickliche Konsistenz bekommen.
- Toffeemasse etwas auskühlen lassen und auf die Torteletts verteilen.
- Abgetropfte Bananenscheibchen drauflegen.
- Nach dem völligen Erkalten großzügig mit sehr steif geschlagener Schlagsahne beschaufeln.

Diesen Kuchen kann man auch in groß machen; seltsamerweise schmeckt er am besten mit gekauften Mürbeböden, vielleicht deswegen, weil die weniger fett sind als die selbst gemachten.

BRATÄPFELTEST

Wer gute Bratäpfel machen will, benötigt unbedingt etwas Equipment: nämlich einen Gehäuseausstecher. Nur wenn das Apfelgehäuse wirklich gut herausgestochen ist, macht das Füllen Spaß. Bratäpfel sollte man unbedingt individuell machen, jeder den seinen. Äpfel (am besten dicke Boskop) waschen und trocknen und das Kerngehäuse ausstechen. In eine feuerfeste Schale stellen.
Backofen auf 180 Grad vorheizen.

FÜLLMÖGLICHKEITEN

- einfach 1 Dominostein in die Höhlung drücken
- 2 zerbröselte Zimtsterne und 1 TL Butter zu einer Füllmasche vermusen
- Rosinen und Zimt
- Nussmus und Schokoladenstückchen
- Orangenmarmelade
- Pflaumenmus
- ½ ausgekratzte Chilischote (wohl eher für Erwachsene)
- Zesten von (ungespritzter) Orangenschale und Zuckerstückchen
- Mandelstifte und Ahornsiup
- Mischung aus ½ TL Kardamom und ½ TL Zucker
- außen 1 Nelke hineinstecken
- 1 EL Kuchenmischung

Und am allerbesten: 2 Marshmallows!

Bratäpfel brauchen meist eine gute Stunde, sehr dicke auch eineinhalb Stunden. Wenn es irgend geht, sollten die potenziellen Esser draußen spielen, bis die Bratäpfel fertig sind. Vor allem wenn es draußen kalt sein sollte, erhöht das später den Genuss noch.

CHRISTOPHS GÄNSESCHMALZ

Dieses Rezept schmeckt und funktioniert nur im späten Herbst und im Winter. Denn die Hauptzutat gibt es im Sommer nicht. Außerdem ist eine knusprige Scheibe Bauernbrot oder eine pechschwarze Scheibe Schwarzbrot mit selbst gemachtem Gänseschmalz und Salz nur köstlich, wenn es draußen schon so richtig ungemütlich ist. Diese fettreiche Speise sollte ohnehin nur zu sich nehmen, wer gern an der frischen Luft herumtobt.

Ostfriesisches Weihnachtsschmalz

ZUTATEN

500 g Gänseflomen
100 g reines Schweineschmalz
1 dicker Kochapfel
1 große rote Zwiebel
1 EL Majoran
½ TL weißer Pfeffer (gemahlen)

ZUBEREITUNG

Da, wo man auch die Weihnachtsgans kaufen würde – beim Geflügelhändler auf dem Markt oder beim Bauern –, gibt es fast immer auch Gänseflomen zu kaufen.
Auf dem Land sind die ganz billig, ein Kilo kostet selten mehr als einen Euro; in der Stadt bezahlt man dafür manchmal das Fünffache.

- Das Flomen unter fließendem Wasser über einem Durchschlag abspülen und alle Hautreste, Blutreste und Reste von Adern abfisseln. Das geht am besten mit den Händen und mit einer kleinen scharfen Schere.
- Das Flomen mit Küchenpapier gut trockentupfen und ausgebreitet ½ Stunde an der Luft liegen lassen, damit es richtig nachtrocknet.
- In spielwürfelgroße Bröckchen zerschneiden und in einem großen gusseisernen Topf bei geringer Hitze ganz langsam auslassen. Wenn sich nach etwa einer halben Stunde die Fettmenge nicht mehr zu vergrößern scheint, das Gänsefett durch ein Haarsieb abgießen, die Rückstände entsorgen und das Fett nochmals erwärmen.
- Bei mittlerer Hitze die klein geschnittene Zwiebel und den gewürfelten Kochapfel mitsieden lassen. ***VORSICHT: ZWIEBELN BRENNEN LEICHT AN!*** Sie sollen nur leicht hellbraun werden.
- Dann das Schweineschmalz hinzufügen und sorgfältig untermischen.

Das Schmalz muss jetzt abkühlen und dabei immer wieder umgerührt werden, damit die festen Bestandteile nicht nur unten landen.
Gleich zu Anfang kann man schon Pfeffer und Majoran unterheben.
Auf dem Land lässt man das Schmalz draußen abkühlen – mit Deckel natürlich! Angeblich wird es nur dann wirklich gut.

- Das Schmalz in ein Glasgefäß umfüllen und bis zum Verzehr möglichst noch 2 Wochen durchziehen lassen (im Kühlschrank). Auf Brot streichen und mit grobem Meersalz bestreuen.

Rezepte für den Sommer:

Süße Kaltschale

ZUTATEN

1 Pfund vollreife Aprikosen
500 g kalter Kefir
1 Messerspitze gemahlener Anis
½ Liter kaltes sprudelndes Mineralwasser
1 EL Zucker
100 g kalte süße Sahne

ZUBEREITUNG

- Aprikosen kurz in kochendes Wasser tauchen. Unter eiskaltem Wasser abschrecken.
- Dann mit einem spitzen Messerchen die Haut abziehen. Halbieren und entsteinen.
- Mit den restlichen Zutaten im Mixer vermixen.
- Zum Schluss die kalte Sahne einrühren.

Weißes GAZPACHO

ZUTATEN

500 g Sahne-Joghurt
100 g Blauschimmelkäse
½ Liter kaltes Mineralwasser
1 Salatgurke
1 TL Öko-Gemüse-Brühpulver
Salz, weißer Pfeffer
10 Blätter Minze

ZUBEREITUNG

- Salatgurke schälen, halbieren und mit einem Teelöffel die Kernchen herausschaben. Kernchen mit Sahne, Minzblättchen und weißem Pfeffer vermischen.
- Salatgurke sehr fein raspeln und mit dem Salz und der gekörnten Brühe vermischen. Im Mixer mit Joghurt, Schimmelkäse und Wasser aufschlagen. Mindestens 1 Stunde kalt stellen und noch einmal durchschlagen.
- Kernchenmus durchrühren, in tiefe Teller füllen und die Gurkenkaltschale darüber geben.
- Mit Kreuzkümmel und Zitrone individuell würzen.

Mangosalat

ZUTATEN

1 reife Mango
1 Büffelmozzarella
1 Zweig Basilikum
2 El Olivenöl
1 EL Zitronensaft
Salz und Pfeffer

ZUBEREITUNG

- Mango schälen und kleine Stückchen vom Kern schneiden.
- Mozzarella abtropfen und klein schneiden.
- Basilikumblättchen von den Stielen zupfen.
- Mit Öl und Zitronensaft beträufeln, salzen und pfeffern und alles vorsichtig vermischen.

Krabbenspaghetti

(von Erwachsenen zuzubereiten, von Kindern zu essen)

ZUTATEN

500 g Spaghetti
¼ Liter bestes Olivenöl
8 bis 10 Salbeiblätter
250 g Krabbenfleisch oder ausgelöste Scampi (gekocht, aber frisch)

ZUBEREITUNG

- Spaghetti in Salzwasser bissfest kochen und abschütten.
- Krabben und Salbei in eine große Schüssel geben.
- Das Olivenöl vorsichtig erhitzen, bis es zu sieden droht.
- Olivenöl vorsichtig über die kalten Krabben geben. 30 Sekunden stehen lassen und dann schnell etwas vermischen.

Sofort mit den abgetropften Spaghetti anrichten.

BLACK COW

Dieses Rezept kommt aus Brasilien, wo es vornehmlich auf Kindergeburtstagen zum Einsatz kommt. Seit wir es vor Jahren ausprobiert haben, ist es zum festen Bestandteil unseres Kulinariums geworden; es soll sogar Erwachsene geben, die verrückt danach sind. Man benötigt zur Zubereitung unbedingt einen schnellen Mixer mit einem großen Mixgefäß, Fassungsvermögen möglichst über 1 Liter, kleiner geht notfalls auch, dann portionsweise arbeiten.

ZUBEREITUNG

½ Liter eiskalte Cola
200 g gutes Vanilleeis
1 Hand voll Eiswürfel

ZUBEREITUNG

Alle Zutaten im Mixer schnell vermixen. Das Getränk auf vier Gläser verteilen und sofort mit dicken Strohhalmen (Caipi-Halmen) trinken.

Wildkräuter-VICHYSSOISE

ZUTATEN

1 Hand voll Sauerampfer
1 Hand voll Rucola
2 Stangen Lauch
3 mittelgroße Kartoffeln
1 große Zwiebel
2 EL Olivenöl
½ Liter Hühnerbrühe
½ Liter Milch
½ Liter Sahne
1 Bund Schnittlauch
Salz, Pfeffer, grüne Tabascosauce

ZUBEREITUNG

- Kräuter und Gemüse waschen und putzen, dabei die Rucolablätter und den Sauerampfer mit der Schere klein schneiden.
- Lauch in feine Ringe schneiden und gründlich abspülen, Kartoffeln und Zwiebel schälen und fein würfeln.
- Öl in einem Topf erhitzen und die Zwiebel darin glasig werden lassen. Kartoffeln und Gemüse darin andünsten.
- Mit Brühe ablöschen und bei geschlossenem Deckel etwa 30 Minuten sanft köcheln lassen, bis alles gar ist.
- Milch hinzufügen.
- Suppe etwas auskühlen lassen, durch ein Sieb streichen oder kurz pürieren.

Diese Suppe muss wie alle kalten Suppen kräftig abgeschmeckt werden: mit Salz, Pfeffer, Zitrone und Tabasco. Suppe mindestens 2 Stunden kalt stellen und vor dem Servieren mit der kalten Sahne verrühren. Schnittlauch in Röllchen schneiden und drüberstreuen.

TIPP: ZWIEBELSCHNEIDEN

Zwiebel ist nicht gleich Zwiebel. Am besten schmecken zum Kochen Schalotten, aber auch große Gemüseziebeln oder rote oder weiße Zwiebeln können zum Beispiel für Salate wunderbar sein. Gelbe Zwiebeln schmecken immer ein wenig schwefelig.

Zum Schälen schneidet man den Kopf der Zwiebel ab, aber nicht ganz. Ein Stück wird drangelassen, um die Haut abzuziehen. Dann hat man einen Anfang und kann den Rest der Schale ablösen. Die geschälte Zwiebel wird in der Mitte geteilt.

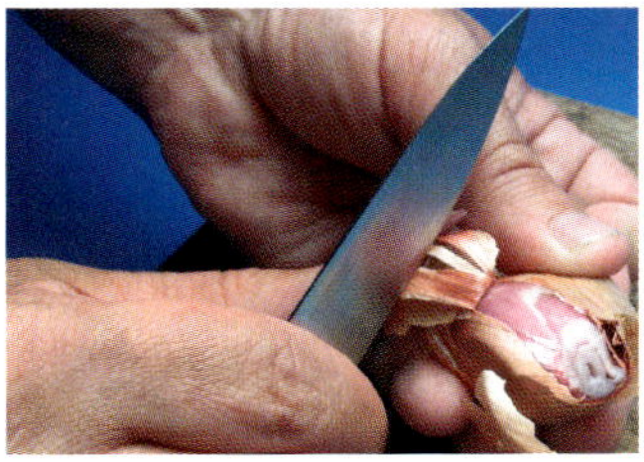

Mit Daumen und Zeigefinger eine Zwiebelhälfte festhalten, sodass die Scheiben, die geschnitten werden, nicht auseinander fallen. Dann quer dazu Würfel schneiden.

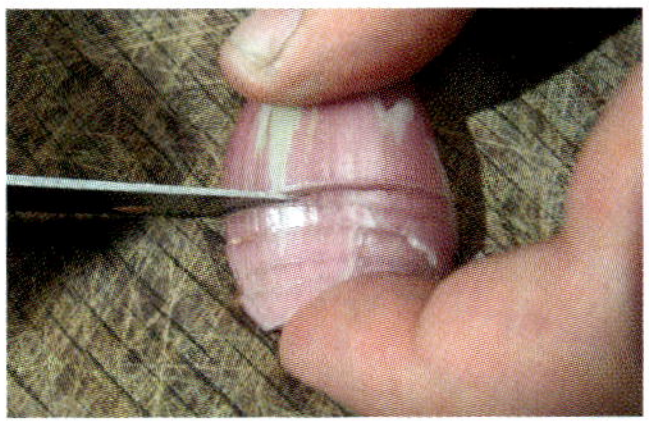

Mit dieser Methode kann man natürlich nicht nur Zwiebeln schneiden, sondern kriegt auch alles mögliche andere Gemüse klein: Kohlrabi, Rote Beete, Wirsing usw.

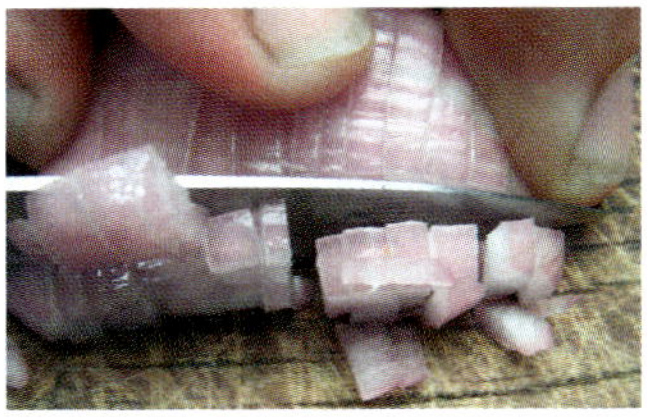

• CHRISTOPH BIEMANN

arbeitet seit 30 Jahren als Autor, Regisseur, Darsteller und Produzent für die „Sendung mit der Maus“. Er ist Vater eines Sohnes, mit dem er gern isst und ebenso gern kocht. Auch in der „Sendung mit der Maus“ ist er öfter als Esser und Genießer aufgefallen. Bei Hanser erschien bereits sein Buch „Christophs Experimente“, das 2004 für den Deutschen Jugendliteraturpreis nominiert war.

• HILKE ROSENBOOM

war viele Jahre als STERN-Reporterin in aller Welt unterwegs. Seit 1998 ist sie freie Schriftstellerin und hat unter anderem mit dem Buch „Rezepte, für die man geheiratet wird“ bewiesen, dass sie nicht nur köstlich schreiben, sondern auch köstlich kochen kann. Als Mutter von zwei Söhnen, die viele Freunde haben, weiß sie, was Jungs schmeckt.

• HILDEGARD MÜLLER

ist Grafikdesignerin, Illustratorin und Autorin. Für ihre Bilderbücher wurde sie bereits mehrfach ausgezeichnet. Mit Christoph Biemann hat sie schon beim Experimentebuch zusammengearbeitet, das sie gestaltet und illustriert hat. Sie kann bestätigen, dass die Rezepte dieses Buches nicht nur für Jungs interessant sind.

Fotos: Christoph Biemann, Hildegard Müller, Hilke Rosenboom

Die Schreibweise in diesem Buch entspricht den Regeln der neuen Rechtschreibung.

Unser gesamtes lieferbares Programm und viele andere Informationen finden sie unter
www.hanser.de

1 2 3 4 5 09 08 07 06 05

ISBN 3-446-20609-4

Digitale Bildbearbeitung und Layout: Hildegard Müller
Druck und Bindung: Kösel, Krugzell
Printed in Germany

Spaß, Spiel und vieles mehr zum Jungskochbuch unter

www.christoph-kocht.de

EBENFALLS BEI HANSER:

Christoph Biemann
Christophs Experimente
144 Seiten
ISBN 3-446-20339-7

JEDER KENNT CHRISTOPH aus der „Sendung mit der Maus“. Und jeder weiß, dass er gern Experimente macht. Jetzt gibt es Christophs Experimente in einem Buch – 150 an der Zahl und alle mit Geling-Garantie. Christoph erzählt die Geschichte von den ersten Erfindern bis zu den modernen Wissenschaftlern, und er weiß genau: Am besten versteht man sie, wenn man ihre Experimente nachmacht. Mit Wasser, mit Luft, mit den einfachsten Mitteln, die man in jedem Haushalt findet. Christophs Experimente sind kinderleicht. Sein Buch macht Lust auf Wissen. Vielleicht sogar auf Wissenschaft.

Nominiert für den
Deutschen Jugendliteraturpreis 2004
(Sparte Sachbuch)

» *Christoph Biemann ist ein großes Buch gelungen!* «
Süddeutsche Zeitung

» *Knapp, verständlich, witzig bebildert. Das Buch macht richtig Lust, selber loszulegen.* «
Geolino

» *Das schönste und spielerischste Mitmach- und Kindersachbuch der Saison.* «
Eselsohr

» *Christoph Biemann stillt fast jede Neugierde. ... Mit dem Buch lassen sich locker monatelang die Nachmittage ausfüllen.* «
Frankfurter Rundschau